**Quick Guide**

Quick Guides liefern schnell erschließbares, kompaktes und umsetzungsorientiertes Wissen. Leser erhalten mit den Quick Guides verlässliche Fachinformationen, um mitreden, fundiert entscheiden und direkt handeln zu können.

Weitere Bände in dieser Reihe http://www.springer.com/series/15709

Anette Schunder-Hartung
Martin Kistermann
Dirk Rabis

# Quick Guide Strategien für Dienstleister

Erfolgreich mit SAM in wirtschaftlich und rechtlich schwierigen Zeiten

Anette Schunder-Hartung
aHa Strategische Geschäftsentwicklung
Frankfurt am Main, Deutschland

Dirk Rabis
der-pr-berater
entertain MARKET GmbH
Usingen, Deutschland

Martin Kistermann
Leiter Corp. Services (Personal, Recht)
eprimo GmbH
Neu-Isenburg, Deutschland

ISSN 2662-9240  ISSN 2662-9259 (electronic)
Quick Guide
ISBN 978-3-658-31648-8  ISBN 978-3-658-31649-5 (eBook)
https://doi.org/10.1007/978-3-658-31649-5

Die Deutsche Nationalbibliothek verzeichnet diese Publikation in der Deutschen Nationalbibliografie; detaillierte bibliografische Daten sind im Internet über http://dnb.d-nb.de abrufbar.

Springer Gabler
© Der/die Herausgeber bzw. der/die Autor(en), exklusiv lizenziert durch Springer Fachmedien Wiesbaden GmbH, ein Teil von Springer Nature 2021
Das Werk einschließlich aller seiner Teile ist urheberrechtlich geschützt. Jede Verwertung, die nicht ausdrücklich vom Urheberrechtsgesetz zugelassen ist, bedarf der vorherigen Zustimmung des Verlags. Das gilt insbesondere für Vervielfältigungen, Bearbeitungen, Übersetzungen, Mikroverfilmungen und die Einspeicherung und Verarbeitung in elektronischen Systemen.
Die Wiedergabe von allgemein beschreibenden Bezeichnungen, Marken, Unternehmensnamen etc. in diesem Werk bedeutet nicht, dass diese frei durch jedermann benutzt werden dürfen. Die Berechtigung zur Benutzung unterliegt, auch ohne gesonderten Hinweis hierzu, den Regeln des Markenrechts. Die Rechte des jeweiligen Zeicheninhabers sind zu beachten.
Der Verlag, die Autoren und die Herausgeber gehen davon aus, dass die Angaben und Informationen in diesem Werk zum Zeitpunkt der Veröffentlichung vollständig und korrekt sind. Weder der Verlag, noch die Autoren oder die Herausgeber übernehmen, ausdrücklich oder implizit, Gewähr für den Inhalt des Werkes, etwaige Fehler oder Äußerungen. Der Verlag bleibt im Hinblick auf geografische Zuordnungen und Gebietsbezeichnungen in veröffentlichten Karten und Institutionsadressen neutral.

Springer Gabler ist ein Imprint der eingetragenen Gesellschaft Springer Fachmedien Wiesbaden GmbH und ist ein Teil von Springer Nature.
Die Anschrift der Gesellschaft ist: Abraham-Lincoln-Str. 46, 65189 Wiesbaden, Germany

*Unseren Familien*

# Vorbemerkung

Von der letzten Dienstreise vor Beginn des ersten Covid-19-Shutdowns hat ein Mitglied unseres Autorenteams im März 2020 einen Magneten mitgebracht. Darauf steht unter anderem Art. 3 des Rheinischen Grundgesetzes: „Et hät noch immer jot jejange!" Allerdings hieß es darauf auch gleich in Art. 4: „Wat fott es, es fott!" Und dann in Art. 5: „Et bliev nix, wie et wor!" Letzteres hatten wir in dieser Heftigkeit erst vor gut zehn Jahren erlebt, als am Ende der akuten Finanzkrise zwar im Großen und Ganzen eine Erholung der Märkte stattfand. Gleichzeitig prägen deren Folgen aber bis heute zahlreiche Lebensläufe. Auch die Covid-19-Krise hält nicht nur Gefahren für Leib und Leben bereit. Sie ist unter anderem eine wirtschaftliche Herausforderung, die nach besonderem Rüstzeug verlangt.

Mit zusammen *an die hundert Jahren Markterfahrung* möchten wir drei Autor(inn)en Sie als unsere Leserinnen und Leser dabei unterstützen, sich dieses Rüstzeug praxisbezogen und mit zahlreichen Hilfestellungen anzueignen. Auf diese Weise bleiben Sie attraktive Geschäftspartner auf Ihren jeweiligen Gebieten und in Ihren jeweiligen Branchen.

Wir, das ist zum einen *Dr. Anette Schunder-Hartung*, Unternehmensentwicklerin und Business Coach (IHK) mit langjähriger Historie als Rechtsanwältin in der hoch strukturierten Juristenbranche. Sie stammt ursprünglich aus dem Bau- und Fachplanungsrecht und hatte viele Jahre lang den Lehrauftrag für das Vergaberecht an der Frankfurter Goethe-Universität inne. Gleichzeitig hat sie sich schon im Rahmen ihrer Dissertation vor über 30 Jahren mit Mediationsprozessen befasst. Heute berät, coacht und moderiert sie bundesweit in unterschiedlichsten Konstellationen. Auch auf dem Feld der Presse- und Öffentlichkeitsarbeit hat *Anette Schunder* umfassende Erfahrung: Sie war viele Jahre lang hauptberuflich als leitende Wirtschaftsredakteurin tätig und betreut bis heute freiberuflich zahlreiche Formate. Im Rahmen ihrer Arbeit erlebt sie immer wieder, dass gute Reformen meist nicht an guten Ideen scheitern – sondern an unsystematischem Vorgehen und/oder Fehlern im Umgang mit den maßgeblichen Beteiligten. Ein zentrales Anliegen ist ihr entsprechend das Schaffen und Durchhalten klarer Strukturen, sowohl in der Sache als auch mit Blick auf alle Akteure, hinsichtlich ihrer Dienstleistungen selbst wie auch in der Art und Weise des täglichen Arbeitens.

Von Haus aus Jurist ist auch *Martin Kistermann*. Sein Anteil an den hundert Jahren Markterfahrung fußt auf Positionen in verschiedenen Arbeitswelten, die eines gemeinsam haben: Immer dreht es sich um Personalführung und Personalentwicklungsthemen. Einst bei einer Bank im Beratungsbereich gestartet, übernahm er Anfang der 2000er-Jahre eine Managementfunktion bei einem Mobilfunkanbieter in Stuttgart und hatte es in Kürze als Abteilungsleiter mit mehreren Teams zu tun. Weitere Stationen führten ihn unter anderem über eine Frankfurter Anwaltskanzlei zur eprimo GmbH, einer Tochtergesellschaft der E.ON Gruppe. Seine Ausbildung zum Integralen Business Coach (ICF), die er 2014 beendete, liefert ihm seitdem gutes Rüstzeug für die Personalarbeit im Unternehmen. Die Herausforderung, eine hierarchische Organisation in eine agile Struktur zu überführen, hat schon vor zwei Jahren sein Interesse geweckt. Über die Konzeption und die Umsetzung führt *Martin Kistermann* uns in die agile Welt des Unternehmens. Dabei stehen die wesentlichen Verbindungen zwischen „alter Schule" und „neuem Trend" im Zentrum. Insoweit kommen auch die durch die Pandemie verursachten Beschränkungen zur Sprache, die wir alle derzeit leidvoll erfahren müssen. Wir geben Ihnen Denkanstöße, wie damit umzugehen ist und insbesondere welche Paradigmenwechsel derzeit stattfinden, die uns mit hoher Wahrscheinlichkeit Abschied nehmen lassen von der Arbeitswelt, wie wir sie bisher kannten.

Anders als seine Mitautoren *Schunder* und *Kistermann* ist *Dirk Rabis* kein Jurist, sondern schon immer vollschichtiger Kommunikationsprofi: Bereits Ende der 80er-Jahre gründete er das RPM-Bildungs- und Medienzentrum für multimediale Kommunikation, PR, Marketing-, Marken- und Medienentwicklung, wo er als CEO für Entwicklung und Schulung im Bereich der multimedialen, audiovisuellen Medien verantwortlich zeichnete. Als versierter Content-Stratege bespielt er seither unterschiedlichste Kanäle. Er kennt mit anderen Worten Klang, Reichweite und Wirkung der multimedialen Orgelpfeifen, zieht und arrangiert die heutigen Medienregister und stimmt sie aufeinander ab. So sorgt er für nachhaltige Klangbilder in der Marken-, Personen- oder Unternehmenskommunikation. Hier berät und positioniert er teils sehr prominente Personen und Unternehmen aus Sport, Film, Musik, Politik, Handel, Wirtschaft und Industrie bei der Neuausrichtung ihrer Unternehmensstrategie und Kommunikation. 2004 erhielt er seine Akkreditierung zum internationalen Film-, Musik- und Medienproduzenten, der zwei internationale Award-Auszeichnungen folgten. Mittlerweile steht er, ebenso wie *Anette Schunder,* auch selbst als TV-Redakteur und Talkshow-Moderator vor der Kamera.

In dieser Kombination können wir Ihnen als Autorenteam hoffentlich einen optimalen Praxismix bereitstellen. Wir freuen uns, dass Sie unsere Gedankenwege mitgehen, mit uns entsprechende Erwägungen anstellen und sind gespannt auf Ihre Rückmeldungen an den Verlag. Gerne besuchen Sie auch unsere Projektseite: *dienstleister-strategien.de.* Deren Erstellung verdanken wir der Entertain Market GmbH & der -Berater.

Last but not least haben wir auch von anderer Seite tatkräftige Unterstützung erhalten. Hier bedanken wir uns besonders beim Marktforschungs-Datenanbieter Norstat, der für uns eine Umfrage zur Nutzung und Akzeptanz moderner Vertriebsmedien durchgeführt hat. Für seinen Input zur Übersetzung von Zielen in Kennzahlen bedanken wir uns bei Herrn Bankbetriebswirt *Julius Brenner* von Brenner Consulting/Kanzlei-TaskForce in Donzdorf b. Ulm. Herrn Rechtsanwalt *Dr. jur. Oliver Hornung* und seiner Kollegin Frau *Esther Noske* aus dem Frankfurter Büro der Sozietät SKW Schwarz Rechtsanwälte danken wir für ihren Zutrag zu den datenschutzrechtlichen Aspekten im Video-Konferenzen- und Social Media-Bereich. Herrn Patentanwalt *Dr. rer. nat. Peter Reinert* von der gleichnamigen Kölner Patentanwaltskanzlei danken wir für seine Ausführungen rund ums Markenrecht. Sie alle haben unser Werk mit geformt! Als Schlussredakteur hat sich zudem *Marco Kaus,* aHa Strategische Geschäftsentwicklung Frankfurt, Meriten erworben.

Und wenn Sie sich nun noch fragen, wo in diesem Konzert der Stimmen SAM aus dem Untertitel bleibt: Er ist eine Kunstfigur, die gleich auf unsere zentrale inhaltliche Empfehlung überleitet – arbeiten Sie „S" wie: durchweg *systematisch,* „A" wie: wo immer es geht *agil* und „M" wie: vor allem nach außen hin: *multimedial.* Was das tatsächlich – und nicht nur „am grünen Tisch" – bedeutet, möchten wir Ihnen in den folgenden Kapiteln zeigen.

| | |
|---|---:|
| Frankfurt am Main, Deutschland | Anette Schunder-Hartung |
| Neu-Isenburg, Deutschland | Martin Kistermann |
| Usingen, Deutschland | Dirk Rabis |
| Herbst 2020 | |

# Inhaltsverzeichnis

1 **Schwierige Zeiten erfordern neue Wege** 1
  1.1 Ihre Ausgangslage 1
  1.2 Aktuelles Zahlenmaterial 2020 zu Informations-,
      Arbeits- und Konsumwegen 8
  Literatur 12

2 **Die drei Säulen Ihres neuen Arbeitsalltags** 13
  2.1 Klare Strukturen leben 14
    2.1.1 Inhaltliche Kernelemente herausarbeiten 14
    2.1.2 Soft Skills verbessern 33
    2.1.3 Kluge Vorgehensweisen einüben 40
    2.1.4 Agile Methoden adaptieren 47
  2.2 Agil arbeiten 51
    2.2.1 Gründe für ein agiles Konzept 51
    2.2.2 Grundlagen einer Strukturänderung
         und Gestaltung der Zusammenarbeit
         mit dem Betriebsrat 55
    2.2.3 Mobiles Arbeiten im agilen Kontext 64
    2.2.4 Die Mitbestimmungsfrage 66
    2.2.5 Folgen für Führungskräfte und Management 69

|  |  | 2.2.6 | Die Führungskraft in der Transformation | 71 |
|---|---|---|---|---|
|  |  | 2.2.7 | Wie verändert sich die Personalauswahl | 75 |
|  | 2.3 | Multimedial kommunizieren | | 77 |
|  |  | 2.3.1 | Vom Printmedienmonopol ins Digitalzeitalter | 78 |
|  |  | 2.3.2 | Contententwicklung vor Ort | 79 |
|  |  | 2.3.3 | Profilschärfung in der Praxis | 83 |
|  |  | 2.3.4 | Mehrwert ins rechte Licht rücken | 88 |
|  |  | 2.3.5 | Krisen als Triebfedern nutzen | 92 |
|  |  | 2.3.6 | Mobiles Arbeiten als „New Normal" | 93 |
|  |  | 2.3.7 | Videoformate insbesondere | 96 |
|  |  | 2.3.8 | Internetrelevanz | 103 |
|  |  | 2.3.9 | Suchmaschinenrelevanz | 105 |
|  | Literatur | | | 109 |
| 3 | Weiterführende Erwägungen | | | 113 |
|  | 3.1 | Strukturiertes Arbeiten schafft neue Freiräume | | 113 |
|  | 3.2 | Agilität lässt sich entwickeln | | 114 |
|  |  | 3.2.1 | Selbstorganisation lässt sich nicht erzwingen | 115 |
|  |  | 3.2.2 | Selbstorganisation ist nicht Selbstverwirklichung | 116 |
|  |  | 3.2.3 | Cheflos ist nicht führungslos | 116 |
|  |  | 3.2.4 | Wege aus der Sackgasse | 117 |
|  | 3.3 | Agilität und digitale Anwendungen brauchen einander | | 122 |
|  | 3.4 | Mobile Konferenzen sind kein Hexenwerk: Tipps für Ihre Moderation | | 124 |
|  | 3.5 | Bilden Sie sich (und andere) fort | | 127 |
|  | Literatur | | | 128 |
| 4 | SAM in der Nussschale | | | 129 |

**Anhang: Norstat-Studie 2020 zu Informations-, Arbeits- und Konsumwegen** ........ 135

**Stichwortverzeichnis** ........ 155

# 1
# Schwierige Zeiten erfordern neue Wege

*„Even if you're on the right track, you'll get run over if you just sit there."*
(Will Rogers)

> Was Sie aus diesem Kapitel mitnehmen
>
> - In welcher Beziehung sich Ihre Märkte verändern
> - Was das objektiv und subjektiv, wirtschaftlich und rechtlich für Sie zur Folge hat
> - Wie die aktuellen Vorlieben zu Informations-, Arbeits- und Konsumwegen 2020 ausgesehen haben und wie Sie sie nutzen können

## 1.1 Ihre Ausgangslage

Wirtschaftskrisen sind nichts Neues. Seien es (in der Erlebensspanne der Babyboomer:) der Ölpreisschock, der Börsencrash 1987, die New Economy-Krise 2000 oder die mit Lehman 2008 einsetzende Banken- und Finanzkrise des Jahres 2008: Vorboten zu Krisen gibt es auch heute immer wieder. Doch was passiert, damit eine Krise wirklich ausbricht? Im Jahr 2020 ist etwas anders als früher: Nicht nur handelt es sich bei der

Covid-19-Pandemie um ein branchenunabhängiges Ereignis, das alle und gerade die Dienstleister[1] in besonderem Maße „erwischt" hat.

Zwar trifft es die unterschiedlichen Branchen unterschiedlich hart – Dienstleistungen rund um

- Gastronomie, Hotel- und Tourismusgewerbe,
- Automobil(zuliefer)- und Luftfahrtindustrie,
- Maschinenbau oder etwa
- den stationären Einzelhandel

sind stärker betroffen als die in vergleichsweise robusten Zweigen wie (weiten Teilen) der Immobienbranche. Schließlich gibt es auch jetzt regelrechte Boomsegmente

- Digitalisierung/IT und
- Gesundheitswesen.[2]

Insgesamt handelt es sich aber um einen massiven globalen Effekt, und dieser Effekt ist keine isolierte Entwicklung: Er trifft auch auf eine digitale Umbruchsituation. Weite Teile des Dienstleistungsbereichs hat der damit schon jetzt einhergehende ökonomische Einbruch in einer Situation erwischt, in der auch vor der Covid-19-Krise

- der Zeitdruck weiter gestiegen,
- der Kostendruck gewachsen ist und überdies
- die Marktsegmentierung durch steigende Alternativangebote weiter zunimmt.

---

[1] Aus Gründen der besseren Lesbarkeit verwenden wir im Folgenden das generische Maskulinum. Weibliche und anderweitige Geschlechteridentitäten meinen wir dabei aber ausdrücklich mit. Wir möchten Ihnen allen unsere Hilfestellungen so nahe wie möglich bringen und haben uns deshalb für eine möglichst schlanke Sprachform entschieden. Unser kritischer Nachwuchs möge uns das bitte nachsehen.

[2] S. hierzu auch FAZ Nr. 105 v. 06.05.2020, 17, und mit Blick auf die mutmaßliche Wiederbelebung des Transaktionsgeschäfts in unterschiedlichen Branchen FAZ Nr. 157 v. 09.07.2020, 23.

Dabei wird die Covid 19-Krise je nach Dauer und Intensität zu einer weiteren Verschärfung der Marktverhältnisse sorgen. Abhängig von

- Dauer und
- Intensität der Krise

ist nach diesem „Meteoriteneinschlag"[3] eine ganz unterschiedliche Entwicklung vorstellbar. Hier spielen neben der naturwissenschaftlichen Seite (Stichworte: Medikamentenentwicklung vs. Mutation) eine ganze Reihe von Faktoren eine Rolle – neben dem nationalen und internationalen Gesundheitsmanagement sowie weitergehenden Maßnahmen staatlicher Institutionen sind auch direkte wirtschaftliche und gesellschaftliche Implikationen zu beachten.

Entwickelt sich die Krise in einem gedachten Achsenszenario

- im besten Fall eher zu einem kurzfristigen, überschaubaren Phänomen, besteht auf Kundenseite am Ende wahrscheinlich sogar ein gewisser Nachholbedarf an Dienstleistungen;
- nach einem Rückfall oder einer Virusmutation zu einem kurzfristigen, aber heftigen Ereignis, wird sie für radikalere Umbrüche sorgen, mehr finanzielle Engpässe zur Folge haben, gegebenenfalls zu einem späteren Zeitpunkt aber auch von einem Gründerboom gefolgt sein.

Im Fall

- einer langfristigen, aber überschaubaren Entwicklung steht uns ein nachhaltiger Umbruch hervor, der sich auf unterschiedlichen Ebenen vollziehen dürfte, auch zwischen den verschiedenen Generationen – einschließlich ihrer Art und Weise, Dienstleistungen abzufragen;
- des Worst Case einer langfristigen und schwerwiegenden Entwicklung, von der wir hier aber (noch) nicht ausgehen wollen, könnte sich unsere Dienstleistungsumgebung zwischen Isolationismus und Virtualisierung einerseits, Solidargesellschaft andererseits polarisieren.

---

[3] So wörtlich die FAZ Nr. 135 v. 13.06.2020, C 1.

Die Auswirkungen auf unsere Dienstleistungsgesellschaft sind in diesem Fall nur schwer absehbar.

Die Wirtschaftsprüfungsgesellschaft KPMG hat in diesem Zusammenhang vier so genannte postpandemische Basis-Szenarien entwickelt, die sie entsprechend dem oben Geschilderten betitelt hat mit

- Szenario 1: Gestärkt in den Normalbetrieb,
- Szenario 2: Marathon in neue Zeiten,
- Szenario 3: Neustart nach dem Schock sowie
- Szenario 4: Wirtschaft im Daueralarm.[4]

Jedes dieser Szenarien ist seinerseits auf unterschiedliche Dimensionen anzuwenden:

- die weitere Verbreitung des Virus;
- das Gesundheitsmanagement;
- die staatlichen Reaktionen;
- das gesellschaftliches Verhalten;
- die wirtschaftlichen Folgen;
- die Digitalisierungseffekte sowie
- die politischen Auswirkungen.

Kombiniert man Szenarien und Dimensionen, lassen sich daraus unterschiedliche Potenzialanalysen ableiten.

> **Tipp**
> Einfache so genannte Szenario-Potenzialanalysen finden Sie kostenfrei unter https://atlas.kpmg.com/de/de/business-analytics/details-pc/vertriebsexzellenz-in-krisenzeiten. Sie bieten Ihnen eine erste Orientierung.

---

[4] Hierzu näher https://klardenker.kpmg.de/szenarien-die-zukunft-nach-corona/.

So voraussetzungsvoll die Lage bereits an diesem Punkt ist: Gleichzeitig steigen auch noch die Compliance-Anforderungen an Ihr Unternehmen. Tatsächlich haben sich mit der Organisation von regelkonformem und integrem Verhalten entsprechende Maxime zu grundlegenden Fragen der Unternehmensführung entwickelt. Dabei spielen im Zuge der Arbeitsteilung auch die Compliance-Risiken von Geschäftspartnern entlang der Wertschöpfungskette eine immer größere Rolle, und entsprechend lauter wird der Ruf nach einer eigenen Compliance- und Integritätskultur.[5]

Das gilt bis hinein in den Bereich des Strafrechts, in dem in den letzten Jahren zunehmend mehr Vorschriften regelwidrigem Verhalten einen Riegel vorgeschoben haben – sei es im Bereich der Korruption, der Untreue, der Steuerhinterziehung, sei es mit Blick auf Verstöße gegen das Kartell- oder auch das Datenschutzrecht. Beispielhaft sei hier aus Anlass von Covid-19 die Einführung der §§ 299 a, b StGB über Bestechlichkeit und Bestechung im Gesundheitswesen genannt. Heutzutage gibt es schärfere Überwachungsmöglichkeiten, und es gibt spezialisierte Schwerpunktstaatsanwaltschaften, die die Verstöße verfolgen. Die Möglichkeiten, „unsauberes" Verhalten nicht nur Einzelpersonen zur Last zu legen, sondern auch gegenüber dem Unternehmen zu ahnden, sind schon jetzt recht weitreichend. Aufschlussreich sind hierzu die – im Internet der Lektüre frei zugänglichen[6] – Vorschriften über die Einziehung von Taterträgen bei Tätern und Teilnehmern nach § 73 StGB sowie die Norm zur Geldbuße gegen juristische Personen und Personenvereinigungen nach § 30 OWiG.

Und gerade wird die Schraube für Unternehmen wieder enger gedreht: Bei Manuskriptschluss dieses Buches lag nicht nur seit dem 16. Juni 2020 der Regierungsentwurf eines „Gesetzes zur Sanktionierung von verbandsbezogenen Straftaten", des „Verbandssanktionengesetzes (VerSanG)" vor. In der Folge hatte sich im Herbst auch der Bundesrat ausführlich mit den Regierungsplänen befasst. Daraufhin hat die Regierung den Entwurf am 21. Oktober 2020 in den Bundestag eingebracht und damit die Schlussphase des Gesetzgebungsverfahrens eingeleitet.[7] „Verbände" im

---

[5] S. zum Compliance-Management im Unternehmen grundlegend das gleichnamige Großhandbuch von Martin Schulz (Hrsg.), 2. Aufl. Frankfurt a. M. 2020, im Ersch.
[6] https://dejure.org.
[7] S. hierzu im Einzelnen https://www.bmjv.de/SharedDocs/Gesetzgebungsverfahren/DE/Staerkung_Integritaet_Wirtschaft.html, abgerufen am 26.08.2020. Eine Vorabfassung des Gesetzesent-

dort genannten Sinne sind auch Unternehmen, und „Sanktionen", ist nichts als ein anderer, auf Unternehmen und andere Verbände gemünzter Begriff für „Strafe". Dieses Gesetz zielt seinerseits ab auf eine stärkere Verankerung und Förderung der unternehmenseigenen Compliancemaßnahmen. Insoweit soll es Weisungsrechte geben und die Kooperationswilligkeit der Unternehmen soll eine weitreichende Rolle bei der „Straf"-zumessung spielen.

Auch wenn in wirtschaftlich schwierigen Zeiten Aufträge storniert oder verschoben werden und alle Beteiligten ohnehin schon bis an die Grenzen ihrer Belastbarkeit eingespannt sind: Wenn Sie es jetzt mit der Einhaltung interner und externer Standards nicht mehr so genau nehmen sollten, leben Sie mit anderen Worten in jeder Beziehung gefährlich.

Um das Maß voll zu machen, schauen schließlich nicht nur Aufsichtsbehörden und Strafverfolgungsinstanzen genau hin. Auch Ihre Geschäftspartner tun es. Vor diesem Hintergrund sollten Sie der Versuchung „alle fünfe gerade sein zu lassen", in keiner Beziehung erliegen. Stattdessen sollten Sie konsequent an Ihrer Attraktivität arbeiten und für (potenzielle) Auftraggeber entsprechende Impulse setzen. Umwelt, Gesellschaft und Business-Wertschöpfung tarieren sich zunehmend neu aus und greifen in nie da gewesenem Maße ineinander; wo vorgestern Shareholder Value und gestern Shared Value idealisiert wurden, deutet sich in vielen Branchen ein Paradigmenwechsel zur systemischen Wertschöpfung hin an.

Dem zu folgen, ist nicht nur eine inhaltliche Herausforderung. Für den Fortbestand Ihrer Wettbewerbsfähigkeit genügt es nicht, neue Produkte zu entwickeln. Auch die Produktionsweisen müssen Sie anpassen. Für Sie als Auftragnehmer einer Dienstleistung stellt sich die aktuelle Markttransformation mit anderen Worten ebenso sehr als *methodische Herausforderung* dar. Im Zuge derer sind veränderte Handlungsmuster zu entwickeln.[8]

An deren Beginn ist zwar oft zuerst einmal der Druck der Krise zu verspüren.

---

wurfes der Bundesregierung vom 21.10.2020, BT-Dr 19/23568, lesen Sie unter https://dserver.bundestag.de/btd/19/235/1923568.pdf.

[8] So bereits Anette Schunder-Hartung, Neue Handlungsmuster für das digitale Zeitalter, in: Martin Schulz/Anette Schunder-Hartung (Hrsg.), Recht 2030, Frankfurt a. M. 2019, 1 (3 Rn. 4).

Die gute Nachricht ist aber: Auf einmal ist vieles möglich, worüber man noch vor Jahresfrist ein wenig pikiert den Kopf geschüttelt hätte – und: entsprechende Gestaltungsoptionen sind kein Hexenwerk. Stattdessen bedarf es nach innen neuer Erfolgsparameter – beispielsweise zu

- Boni-Bewertungen und
- Lieferantenauswahl bzw. Auftragsvergabe.

Nach außen benötigen Sie die objektiv richtige Mischung aus eigenen, selbst standardisierten Angeboten unter dem Einsatz verfügbarer Technik, die sie dann mit Ihrer High-End-Beratung als Dienstleister verbinden. So empfiehlt sich beispielsweise für den Bereich anwaltlicher Leistungen[9] ein Mix aus

- wirklich reifer, im B2B-Business anwendungsfähiger Software, (S. dazu u.a. auch unten 2.3.7.)
- dem Einsatz von Projektjuristen bzw. Paralegals[10] in standardisierten Prozessen sowie
- einem durchdacht organisierten Outsourcing bestimmter Angebotsbestandteile.

Diese sind zu kombinieren mit der individuellen klassischen und persönlichen High End-Betreuung durch Anwaltskolleg(inn)en als „Trusted Advisor".

Ebenso wichtig, aber vergleichsweise viel weniger stark ausgeleuchtet, ist *die eher subjektive Seite*: Danach bedarf es ebenso sehr einer neuen, zukunftsweisenden Denkweise, eines entsprechenden „Mindsets". Ansonsten bleibt es bei der Warnung, die IBM-Trainer schon in der Entstehungszeit der Rechnertechnik Anfang der 80-er Jahre formuliert haben: „A fool with a tool is just a fool." Dass er womöglich heute „a faster fool" ist, bringt dann niemanden wirklich weiter.

---

[9] Mit Ernst Georg Berger/Christoph Schalast, Anwaltliche und Tech-Beratung – Ein Zukunftsmodell, in: Martin Schulz/Anette Schunder-Hartung (Hrsg.), Recht 2030, Frankfurt a. M. 2019, 117 (128 Rn. 38).

[10] Branchenbezeichnung für Fachkräfte mit solidem (juristischem) Basiswissen und vielseitig einsetzbarem Know-how, siehe dazu auch https://swissparalegal.ch/was-ist-ein-paralegal.

Um diesen Effekt zu vermeiden, müssen Sie sich als Anbieter von Dienstleistungen darüber im Klaren sein,

- wer Sie sind,
- wer Sie sein können
- und wollen,
- zu wem das am besten passt und
- wie sie Ihre PS entsprechend auf die Straße bringen können.

Passend dazu ist in der Umfrage eines juristischen Branchendienstes einmal gesagt worden, wer innovativ sein wolle, brauche vor allem anderes Personal. Geld für eigene technische Entwicklungen? Für diese Alternativvariante lagen die Zustimmungswerte erheblich niedriger.[11] Das heißt: Zuerst kommen die „Player", dann die „Tools" – niemals umgekehrt.

Um entsprechend neue Ideen und Impulse zur Geltung zu bringen, bedarf es einer besonders strukturierten Vorgehensweise.

## 1.2 Aktuelles Zahlenmaterial 2020 zu Informations-, Arbeits- und Konsumwegen

Um der Frage nach den Informations-, Arbeits- und Konsumwegen nach Beginn der Covid-19-Krise auch statistisch auf die Spur zu kommen, haben wir den Münchener Anbieter für Marktforschungsdaten Norstat[12] um Unterstützung gebeten. Mit einer im Juni 2020 bei gut 1000 repräsentativ ausgewählten Befragten durchgeführten Studie hat Norstat für uns die aktuellsten

- Informations-,
- Arbeits- und
- Konsumwege 2020

erfragt.

---

[11] S. zum Ganzen Ulrike Barth, Legal Alien, Juve Rechtsmarkt 08/2019, 23 (25).
[12] https://norstat.de/.

Ermittelt wurden

- Besitz und Nutzungshäufigkeit unterschiedlichster Medien ebenso wie
- die Bedeutung der Arbeit im Homeoffice und die Belastung durch Arbeitswege, und schließlich
- Online- und lokales Konsumverhalten.

Die Studie selbst finden Sie im Anhang zu diesem Buch.

Oberster Befund: Mobil smart sind die meisten – fast 95 % der Befragten besitzen ein Smartphone, mehr als vier Fünftel ein Laptop oder Notebook. Und auch im Internet zu surfen ist für fast jeden eine tägliche Beschäftigung, wobei hier „surfen" nicht automatisch soziale Medien nutzen heißt – das tun gut zwei Drittel – und schon gar nicht Blogs besuchen. Das interessiert nur jeden Achten. Ansonsten dominiert, wenig überraschend, der Konsum der Rundfunkmedien Fernsehen (rd. vier Fünftel) und Radio (gut zwei Drittel) das Geschehen. Bücher nehmen vier von zehn Befragten einmal am Tag in die Hand, immerhin. Allerdings befasst sich fast die Hälfte des Publikums keine Stunde täglich damit – die Mehrheitswerte der elektronischen Medien liegen klar höher.

Lieber sieht Deutschland fern – jedenfalls in der Altersgruppe der über 30-jährigen. Nicht, dass Sie deshalb gleich teure Fernsehwerbung schalten müssen. Aber eines sollte man sich trotzdem bewusst machen: Dergleichen prägt Wahrnehmungsgewohnheiten. Bewegtbilder „ziehen". Wichtig ist das zumal *in Zusammenhang mit* dem Besuch sozialer Netzwerke. Gleich fünf Anbieter dieser Netzwerke haben auf die Frage nach einem regelmäßigen Besuch Werte von über 50 % der Befragten erhalten, nämlich (in absteigender Reihenfolge) WhatsApp, Facebook, YouTube, Instagram und Facebook Messenger. Gerade YouTube ist nun mit einem Gesamtzustimmungswert von 70 % „der" Kurzfilmkanal – eine nicht zu unterschätzende Botschaft. Vielleicht machen Sie sich die Bewegtbild-Begeisterung der Deutschen ja künftig stärker über YouTube zunutze?

Auch im HR-Bereich spielt die mediale Orientierung eine große Rolle – sei es mit Blick auf elektronische Jobbörsen und Business-Netzwerke zusätzlich zur Unternehmens-Website, sei es, wenn Arbeitgeberbewertungsportale herangezogen werden. Hier postet man Erfahrungsberichte in Foren, und alle Interessierten schauen hin. Interessiert sind keineswegs nur die ganz Jungen in der Altersgruppe bis 30 Jahren, womöglich ist sogar der eine Journalist oder die andere Journalistin dabei.

In puncto Arbeitswege wiederum gilt: Achtung, Homeoffice! Nicht nur arbeiten gut drei von zehn Befragten mehrmals wöchentlich – davon die Hälfte täglich – von zu Hause aus. Die Zahl derjenigen, die in unserer Studie angaben, das „nie" zu tun, betrug im Vergleich nur gut 36 %. Vor allem schienen es die Betreffenden auch nicht in großem Stil als Notlösung zu betrachten. „Ich würde mir wünschen, dass ich zukünftig genauso viel/mehr im Homeoffice arbeiten kann", bekundeten unter dem Strich über drei Viertel aller Berufstätigen. Dabei lag die Zustimmungsrate bei den Männern zwar im Vergleich zu den weiblichen Befragten etwas geringer, die Dreiviertelmarke wurde aber auch hier überschritten. Darauf wird künftig zu reagieren sein. Bedenkt man, dass nach unserer Erhebung über ein Viertel der Pendler jeden Tag mehr als eine Stunde Wegezeit verliert, leuchtet dieses Ergebnis ein.

Schon heben Diskussionen über Homeoffices als Dauerlösungen an – sei es von deutschen Großkonzernen,[13] sei es im Ausland.[14] Im deutschen Rechtsraum wurden im Laufe des Jahres 2020 erste Vorschläge präsentiert, die Arbeit im Homeoffice über die Werbungskosten auch steuerlich verstärkt zu begünstigen.[15] Auch ein Rechtsanspruch auf Homeoffice war bei Manuskriptschluss in der Diskussion, angesichts politischer Differenzen innerhalb der Regierungskoalition und jedenfalls objektiv umstrittener Nützlichkeitseffekte („keine Produktivitätssteigerung im Homeoffice") zuletzt aber wieder stärker umstritten. (S. hierzu Corinna Budras/Johannes Pennekamp, Recht auf Homeoffice abgeräumt, FAZ Nr. 267 v. 16.11.2020, 15). Auf das Thema Homeoffice gehen wir im weiteren Verlauf dieses Buches[16] ausführlicher ein.

Schließlich das Konsumverhalten: Auch wenn fast drei von vier Befragten im städtisch geprägten Bereich lebten, gut jeder zweite sogar aus einer

---

[13] FAZ Nr. 164 v. 17.07.2020, 15 (Siemens, Deka-Bank).
[14] FAZ Nr. 164 v. 17.07.2020, 13 (Großbritannien).
[15] Entsprechend der Vorstoß des Hessischen Finanzministers Michael Boddenberg, FAZ Nr. 162 v. 15.07.2020, 33.
[16] Ab Kap. 2.

mittleren oder Großstadt kam, shoppte man gerne Online. Elektronikartikel werden lieber bestellt als vor Ort gekauft, zudem lässt man sich gerne Kleidung liefern. Gleichzeitig betraf der Umsatzeinbruch im stationären Handel auf dem Höhepunkt der Covid-19-Pandemie, nämlich im April 2020, vor allem das Bekleidungssegment. Hier war ein Minus von 75,1 % gegenüber dem Vorjahreszeitraum zu verzeichnen.[17] Für Dienstleister in diesen Branchen ist das ebenso wichtig wie für die Produzenten selbst, denn eine sinnvolle Positionierung erfolgt immer im passenden Umfeld. Was dann allerdings auch umgekehrt für diejenigen Artikel gilt, die nach unserer Studie lieber lokal eingekauft wurden. In absteigender Reihenfolge waren da Lebensmittel und Drogerieartikel, Möbel, Deko und mit Einschränkungen Bürobedarf sowie (eben doch wieder) Kleidung.

Auf weitere Einzelheiten der Studie kommen wir im Laufe der folgenden Kapitel zurück.

**Ihr Transfer in die Praxis**

- Bedingt durch die Covid 19-Krise geraten Sie als Dienstleister verstärkt unter Druck, und zwar unabhängig davon, wie lange diese Krise andauern wird und wie heftig sie sich noch entwickeln wird. Dass Sie darauf mit regelkonformem, integrem Verhalten reagieren müssen, gebieten bereits die gestiegenen juristischen Anforderungen.
- Weil gleichzeitig auch Ihre Geschäftspartner genauer hinschauen denn je, müssen Sie konsequent an Ihrer Attraktivität arbeiten und entsprechende Impulse setzen.
- Dabei müssen Sie nicht nur in der Sache tätig werden, sondern auch neue Handlungsmuster entwickeln.
- Ebenso sehr bedarf es einer neuen, zukunftsweisenden Denkweise, die Sie sich als Dienstleister zu Eigen machen.
- Behalten Sie stets im Auge, dass die handelnden Personen eine tragende Rolle spielen – das alte „Malen nach Zahlen", sollte es jemals funktioniert haben, hat ausgedient.
- Gleichzeitig beziehen Sie bei Ihren Erwägungen bitte unsere aktuellen Erhebungen zu Informations-, Arbeits- und Konsumwegen 2020 mit ein. Die daraus resultierenden Erkenntnisse stellen sicher, dass Sie nicht an den Bedürfnissen Ihrer (potenziellen) Kollegen, Mitarbeiter und Geschäftspartner vorbei handeln.

---

[17] FAZ Nr. 163 v. 16.07.2020, 19.

# Literatur

1. Barth, Ulrike, Legal Alien, Juve Rechtsmarkt 08/2019, 23.
2. Berger, Dr. Ernst Georg/Schalast, Prof. Dr. Christoph, Anwaltliche und Tech-Beratung – Ein Zukunftsmodell, in: Schulz, Prof. Dr. Martin/Schunder-Hartung, Dr. Anette (Hrsg.), Recht 2030, Frankfurt a. M. 2019, 117.
3. FAZ Nr. 105 v. 06.05.2020, 17.
4. FAZ Nr. 135 v. 13.06.2020, C 1.
5. FAZ Nr. 157 v. 09.07.2020, 23.
6. FAZ Nr. 162 v. 15.07.2020, 33.
7. FAZ Nr. 163 v. 16.07.2020, 19.
8. FAZ Nr. 164 v. 17.07.2020, 13.
9. FAZ Nr. 164 v. 17.07.2020, 15.
10. https://www.bmjv.de/SharedDocs/Gesetzgebungsverfahren/DE/Staerkung_Integritaet_Wirtschaft.html, abgerufen am 26.08.2020.
11. Schulz, Prof. Dr. Martin (Hrsg.), Compliance-Management im Unternehmen, 2. Aufl. Frankfurt a. M. 2020, bei Manuskriptschluss im Erscheinen.
12. Schunder-Hartung, Dr. Anette, Neue Handlungsmuster für das digitale Zeitalter, in: Schulz, Prof. Dr. Martin/Schunder-Hartung, Dr. Anette (Hrsg.), Recht 2030, Frankfurt a. M. 2019, 1.

# 2

# Die drei Säulen Ihres neuen Arbeitsalltags

**Was Sie aus diesem Kapitel mitnehmen**

- Wie Sie Ihren Arbeitsalltag mit SAM neu gestalten: Zunehmend systematisch, agil und multimedial
- Wie Sie klare inhaltliche Strukturen und nachvollziehbare Verfahren durchgehend praktizieren
- Sicheres Beherrschen von Soft Skills
- Praktisches Nachvollziehen agiler Dienstleistungskonzepte
- Rechtliches und tatsächliches Verständnis von Homeoffice- und Mobile Office-Regelungen
- Know-how zu Kommunikationskanälen in aller analogen und digitalen Vielfalt, einschließlich der zentralen juristischen und technischen Besonderheiten

„Mach's noch einmal, S.A.M.": Um als Dienstleister künftig erfolgreich zu sein, sollten Sie in Anlehnung an den gleichnamigen Spielfilm-Klassiker von Woody Allen möglichst

- systematisch
- agil und – besonders in der Außendarstellung -
- multimedial arbeiten.

## 2.1 Klare Strukturen leben

Das Wirtschaftsmagazin *brand eins -Zeigen, was möglich ist* hat seine Juniausgabe des Jahres 2020 mit dem Schwerpunkt „neu sortieren" überschrieben. „Schlechte Zeiten", heißt es gleich im Einführungstext, seien „gute Zeiten für das Scharf stellen auf das, was zählt".[1] So sehr dabei sicherlich Einigkeit über das Ideal als eines solchen besteht – der Teufel steckt wie so oft im Detail.

### 2.1.1 Inhaltliche Kernelemente herausarbeiten

Wirft man einen näheren Blick auf die Arbeitsmotivatoren des 21. Jahrhunderts, so fehlt es dazu nicht an Publikationen und Hinweisen. Stellvertretend sei auf die Zusammenstellung von Erfolgsfaktoren des Digital Workplace nach *Engelhardt*[2] hingewiesen:

- Stolz auf die Arbeit,
- eine beflügelnde Unternehmensvision,
- überzeugende Unternehmenswerte,
- klare Ziele des Unternehmens und der Arbeitsvorgaben,
- Respekt und Wertschätzung,
- ein guter Führungsstil,
- Teamgeist,
- Zukunftsperspektiven mit Blick auf die eigene berufliche Weiterentwicklung sowie

---

[1] Wolf Lotter, neu sortieren, brand eins 6/2020, 39 (40).
[2] Kristin Engelhardt, Erfolgreiche Interne Kommunikation im Digital Workplace, Wiesbaden 2020, 20.

- Mitsprache und Mitgestaltungsmöglichkeiten.[3]

Bis aus diesen Idealvorstellungen objektiv handhabbare und subjektiv wertgeschätzte Arbeitsweisen werden, bedarf es jedoch einer Umsetzung in strukturierten Verfahren und geordneten Prozessen. In dieses Konglomerat von Wunschvorstellungen müssen Sie Ordnung bringen, und mehr als das: Um es nicht beim bloßen Aufeinanderschichten des bereits Bekannten zu belassen, sondern mögliche Verbesserungen vorzubereiten, müssen Sie wertend eingreifen, nicht nur *„ordnen"*, sondern aktiv differenzierend *„sortieren"*.[4] Will heißen: Inventarisieren ist ein guter Anfang, damit ist es allerdings nicht getan. Erforderlich ist ein handhabbares System, innerhalb dessen Sie sich bewegen können.

Ein bekanntes Konzept zur Beschreibung von Organisationskulturen, die Sie beim Herausarbeiten von Strukturen unterstützen kann, ist beispielsweise das Modell des US-amerikanischen Organisationspsychologen *Edgar Schein*.[5] Schein hat die Darstellung an drei Ebenen entwickelt, die eine nach außen sichtbare erste Stufe mit zwei weiteren Ebenen kombiniert. Die beiden unteren Ebenen betreffen zum einen verhaltensleitende Grundausrichtungen, zum anderen einen noch tiefer liegenden und nicht mehr explizit hinterfragten inneren Selbstkern. Gut kombinieren lässt sich diese Betrachtung wiederum mit verschiedenen kulturellen Dimensionen, die *Clyde Kay Klockhohn* und *Frank L. Strodtbeck* entwickelt haben.[6]

Ebenfalls sehr verbreitet sind die Annahmen für ganzheitliches Management des St. Gallener Managementberaters *Fredmund Malik*.[7] Er hat drei Basismodelle für das Management von Gesamtorganisationen, Führungskräften und operativen Einheiten entwickelt, aus denen heraus sich

---

[3] Kristin Engelhardt, Erfolgreiche Interne Kommunikation im Digital Workplace, Wiesbaden 2020, 20.
[4] S. in diesem Sinne auch Wolf Lotter, neu sortieren, brand eins 6/2020, 39 (42): „Ordnungen haben Vereinfachungen zum Ziel. (…) Das Sortieren aber dient dem Neuanfang, dem Verbessern, der Perspektive. Sortieren ist der Wendepunkt."
[5] Edgar H. Schein, Organisationskultur und Leadership, 5. Aufl., München 2018.
[6] S. zum Ganzen bereits Anette Schunder-Hartung, Erfolgsfaktor Kanzleiidentität, Wiesbaden 2020, 19 ff.
[7] S. einführend https://archived.malik-management.com/de/malik-ansatz/malik-basis-modelle.

für den Umgang von Menschen in Institutionen zahlreiche Aussagen ableiten lassen. Die Quintessenz erfolgreichen Managements ist in Kurzform:[8]

- strikte Ergebnisorientierung,
- ein ganzheitlicher Blick,
- die Konzentration auf das Wesentliche,
- das Nutzen von Stärken – während Schwächen akzeptiert werden,
- gegenseitiges Vertrauen sowie
- positives und konstruktives Denken.

Entsprechend wichtig ist

- das Entwickeln von Zielvorstellungen (das so genannte Management by Objectives, MbO),
- das gute Organisieren,
- wohlüberlegtes Entscheiden,
- Kontrollieren und
- die Förderung von Menschen.

So sehr alles mit allem zusammenhängt, so schwierig ist es aber im Dienstleister-Alltag, den Überblick zu behalten. Deshalb praktizieren wir beispielsweise bei aHa Strategische Geschäftsentwicklung zwischen Beliebigkeit einerseits, allenthalben aufeinander verweisenden Elementen andererseits einen Mittelweg: Wir arbeiten *abgeschichtet* entlang der so genannten Dilts-Pyramide.[9]

In diesem ursprünglich aus dem Bereich des neurolinguistischen Programmierens[10] stammenden Modell von *Robert Dilts* werden mehrere so

---

[8] Nach Fredmund Malik, Führen, Leisten, Leben, Frankfurt, 2019.
[9] S. instruktiv Torsten Scheller, Auf dem Weg zur agilen Organisation, München 2017, 400 ff. Eine ebenfalls praktisch interessante, weil unaufgeregt-systematische Herangehensweise bietet Thomas Schulte in Coaching – Das Einsteigerbuch, Stuttgart 2020. Eine Rezension von Dr. Anette Schunder-Hartung zu diesem Buch finden Sie unter dem juristischen beck-blog unter. https://kanzleiforum.beck-shop.de/2020/11/05/coaching-das-einsteigerbuch-rezension-von-dr-anette-schunder-hartung/, abgerufen am 13.11.2020.
[10] S. zum neurolinguistischen Programmieren als Sammlung von Techniken zur Veränderung psychischer Abläufe grundlegend das erstmals 1992 erschienene Werk von Joseph Connor/John Sey-

bezeichnete „logische Ebenen" unterschieden, die nicht nur in Coaching-Prozessen weiterführen. Wegen ihres besonderen Ordnungs- und Bezugsrahmens eignen sie sich auch in besonderem Maße zum systematischen Abarbeiten von Dienstleistungsstrategien – und zwar Stufe für Stufe.

Dabei steht Strategie ihrerseits für ein ebenso systematisches wie nachhaltiges Verfolgen Ihrer Ambitionen.[11] Wichtig ist, dass es dabei um alle möglichen und keineswegs nur um monetäre Aspekte geht – so wenig Sie diese natürlich außer Acht lassen dürfen.[12] Strategien zu entwickeln meint hingegen mehr. Es bedeutet in einem umfassenderen Sinne, Schritt für Schritt bestimmte Faktoren in den Blick zu nehmen. Insoweit spielen die, wie es so schön heißt, „menschlichen Ressourcen" oder „Stakeholder" eine zentrale Rolle, sowohl intern als auch extern.

Das müssen Sie sich auch deshalb stets vor Augen halten, weil die Betreffenden sich durchaus menschlich benehmen. Auf gut Deutsch: Anders als das theoretisch der Fall sein mag, verhalten sich ihre Beteiligten in der Praxis nicht immer ökonomisch-zweckrational. Darauf müssen Sie ein- und damit müssen Sie umgehen können!

> **Tipp**
>
> Um passende Handlungsschritte systematisch in Entscheidungsbäumen vorbereiten zu können, sollten Sie nicht nur etwas von Statistik verstehen. (Siehe hierzu anschaulich Jan Guldner, Manager, lernt rechnen!, WiWo Nr. 31 v. 24.7.2020, 95). Sie sollten sich auch wenigstens ansatzweise auf dem Feld der Spieltheorie auskennen.[13] Das verschafft Ihnen größtmögliche Klarheit darüber, was passiert, wenn Sie welche Möglichkeiten ausspielen.

---

mour, Neurolinguistisches Programmieren: Gelungene Kommunikation und persönliche Entfaltung, 22. Aufl. Kirchzarten 2015. Die von Bandler/Grinder bereits seit den 1970er-Jahren entwickelte Methodensammlung greift unter anderem Konzepte aus der klientenzentrierten Therapie, der Gestalttherapie, der Hypnotherapie und den Kognitionswissenschaften sowie dem Konstruktivismus auf. Zu den bekanntesten Vorgehensweisen zählen die Neubewertung von Sachverhalten (Reframing) sowie das interaktive Pacing und Leading.

[11] S. zur praktischen Handhabung des Strategiebegriffs statt vieler Dietmar Sternad, Strategieentwicklung kompakt, Wiesbaden 2015, sowie Werner Sauter und Staudt, Strategisches Kompetenzmanagement 2.0, Wiesbaden 2015.

[12] S. hierzu auch unsere Anmerkungen weiter unten in diesem Abschnitt.

[13] S. zur Vertiefung Avinash K Dixit/ Barry J. Nalebuff, Spieltheorie für Einsteiger, Stuttgart 1997.

Dass alle Beteiligten von sich aus an einem Strang ziehen, wäre eine naive Annahme, denn sie besitzen nicht nur eine unterschiedliche Mentalität,[14] unterschiedlich ausgeprägte Fähigkeiten und Fertigkeiten, sondern sie verfolgen auch voneinander abweichende Interessen. Die unterschiedlichen Absichten können Sie sich aber auch zunutze machen, frei nach dem Limoncello-Prinzip:[15] Unbehandelte Zitronen können Sie in der Weise teilen, dass jeder die halbe Frucht zum Ausquetschen bekommt. Oder Sie lösen die Schale vom Fruchtfleisch und stellen letzteres komplett für Zitronenlimonade zur Verfügung. Die Schalen nehmen Sie und verarbeiten Sie in Gänze zu Zitronenlikör – eben Limoncello.

Mit diesem Wissen im Hinterkopf, empfehlen wir Ihnen in für unsere Zwecke optimierter Form[16] eine wie folgt gestaffelte Betrachtung:

- Oberste Ebene (6): Ihre Unternehmensvision, der Sinn Ihrer Dienstleistungstätigkeit, Ihre Geschäftsidentität
- Ebene 5: Ihre unternehmerischen Werte und Wahrnehmungsfilter
- Ebene 4: Ihre unternehmerischen Glaubenssätze und Selbstzuschreibungen („Eigen"schaften)
- Ebene 3: Ihre Fähigkeiten und Strategien zum Erreichen konkreter (welcher?) Ziele
- Ebene 2: Ihr ins Äußere gewandtes Verhalten am Markt
- Unterste Ebene (1): Ihre Arbeitsumgebung

Dabei bauen die verschiedenen Punkte in einer Art Hierarchieverhältnis aufeinander auf – ganz abgesehen davon, dass jede Ebene nach ganz eigenen, ihr innewohnenden Spielregeln funktioniert. In jedem Fall ist es aber mindestens die gleiche, wenn nicht die nächsthöhere Ebene, die die

---

[14] S. zu den verschiedenen Persönlichkeitstypen sogleich unter Abschn. 3.1.5.
[15] S. hierzu das Kurzvideo in https://aha-kanzleientwicklung.de/videos/.
[16] Die herkömmliche Betrachtungsweise fasst Werte und Filter gemeinsam mit den Glaubenssätzen auf Stufe 4 zusammen, trennt davon aber auf einer 5. Ebene Identität bzw. Selbstbild und auf einer 6. Ebene Mission bzw. Weltbild ab. Nach langjähriger praktischer Beratungserfahrung der Co-Autorin sind Glaubenssätze und Selbstzuschreibungen allerdings eher eine Frage der Werte und Filter sind als mit ihnen auf einer Stufe zu stehen. Die zuletzt genannte herkömmliche Differenzierung wiederum ist für die hier betrachteten Zwecke nicht unbedingt erforderlich. Daher differenzieren wir hier zwischen Werten und Filtern auf 5. Stufe einerseits und einer Kombination aus Identität und Sinn auf der 6. Stufe andererseits.

Informationen der darunter liegenden Stufe organisiert. Auch auftretende Schwierigkeiten können Sie allenfalls auf einer gleich hohen Stufe bewältigen. Womöglich tut sich eine Lösung auf der nächsthöheren Ebene auf, aber *niemals auf einer weiter unten gelagerten Stufe*. Wenn Sie beispielsweise also eine moderne Arbeitsumgebung schaffen, bewirken Sie damit auf den oberen Ebenen alleine noch gar nichts. Sie müssen weiter oben ansetzen.[17]

**Eine attraktive Unternehmensvision vorgeben**
Was nun Ihre eigene „beflügelnde Unternehmensvision" betrifft, so zielt diese gleich auf die oberste der beschriebenen logischen Ebenen nach *Dilts*.

Insoweit gilt einerseits: „Einen Leadership-Algorithmus wird es nie geben".[18]

Andererseits sollten Sie alle das alte *Joe Jackson*-Mantra kennen: „You can't get what you want (Till you know what you want)".[19] Das heißt, was immer Sie in der Folge tun, anstreben und ausstrahlen, sei es nach innen oder nach außen – als erstes muss Ihnen klar sein, welchen Polen Sie als Organisationseinheit zuneigen. Insoweit bewegen Sie sich naturgemäß in einem Koordinatensystem aus unterschiedlichen Leitvorstellungen. Dazu gibt es ein anschauliches Kernkulturen-Modell nach *William Schneider*.[20]

In einer matrixartigen Gegenüberstellung unterscheidet *Schneider*

- die Kultur der Zusammenarbeit oder Collaboration Culture,
- die faktenorientierte Anweisungskultur oder Control Culture,

---

[17] Diese Sichtweise illustriert auch ein Zitat der früheren NASA-Astronautin Peggy Whitson. Dazu befragt, wie man Isolation in Corona-Zeiten aushalte, antwortete Whitson, das Wichtigste sei „die Erkenntnis, dass die Gruppe ein gemeinsames Ziel (gemeint ist: eine gemeinsame Vision, Anm. der Co-Autorin) verfolgt. Bei Covid-19 ist dieses Ziel, durch Quarantäne Leben zu retten", FAZ Nr. 72 v. 25. März 2020, 7.
[18] So der Titel des gleichnamigen Beitrags von Michael Bordt, SJ, Frankfurter Allgemeine Verlagsspezial New Work 2019, 14. S. daneben instruktiv Heussen, Professor Dr. Benno, Anwaltsunternehmen führen, 3. Aufl. München 2016.
[19] Sehens- und hörenswert: https://www.youtube.com/watch?v=Bo759np9-nM, abgerufen am 26.08.2020.
[20] S. zu diesem im Jahre 2000 entwickelten Modell auch schon Anette Schunder-Hartung, in: Martin Schulz/Anette Schunder-Hartung (Hrsg.), Recht 2030, Frankfurt a. M. 2019, 7 f.

- die Kompetenzkultur oder Competence Culture sowie
- die Vervollkommnungskultur oder Cultivation Culture.

Dabei ist den beiden erstgenannten Kulturformen, also der Zusammenarbeits- und Kontrollkultur, gleichermaßen ein gewisser Pragmatismus zu eigen, beide Ausrichtungen eint die Vorstellung, dass es vor allem aufs Hier und Jetzt ankommen sollte, sie sind machbarkeits- und realitätsbezogen. Je stärker das Ideal jedoch weg von „Collaboration" und hin zu „Control" geht, umso weniger kommt es auf den Einzelnen an. Letztlich verstehen sich im Rahmen der Zusammenarbeitskultur Unternehmen als Orchester, das alle Stimmgeber nach Möglichkeit integriert. In dieser Konstellation haben nur solche Führungskräfte auf Dauer Autorität, die wirklich Dinge bewegen. Von allen Kulturen ist die Zusammenarbeitskultur am stärksten diskursorientiert.[21]

Demgegenüber zählen der und die Einzelne in Anweisungskulturen persönlich weniger. Sie mögen – im *Luhmann'schen* Sinne – noch so geschätzte Rollenträger sein;[22] als Individuen sind sie letztlich „wie eine Hand im Wasser". Das bedeutet, sobald sie den hochgekrempelten Arm wieder herausgezogen haben, schließt sich die Oberfläche nach kurzer Zeit, als sei nie etwas gewesen.

Ebenso wenig wie in Anweisungskulturen sind auch Kompetenzkulturen auf Einzelpersonen fixiert. Stattdessen zählt hier das beste Beratungsprodukt zu einem hohen Preis. Entsprechend bestimmen sich die Arbeitsbeziehungen über die Sachaufgabe, die es zu bewältigen gilt. Wobei es allerdings stärker um Konzepte geht als um „Orga", denn: Kompetenzkulturen sind vergleichsweise visionärer. Sie sind stärker zukunftsgerichtet und möglichkeitsbezogen – im Original: „Possibility Oriented". Zielt nun das Unternehmensideal in Richtung Personenorientierung und Zukunftsorientierung, so handelt es sich um den zuletzt genannten Fall der Vervollkommnungskultur. Er beschreibt ein Verfolgen höherer, idealer

---

[21] S. hierzu auch https://allesagil.net/2012/08/19/die-balancierte-organisationskultur/.
[22] S. zur systemtheoretischen Erklärung des Rollenträgerbegriffs nach Niklas Luhmann instruktiv Klaus F. Röhl, Rechtssoziologie-online, § 69: Der systemtheoretische Ansatz, https://rechtssoziologie-online.de/kapitel-13systemtheoretische-erklarungsansatze/%C2%A7-69der-systemtheoretische-ansatz/, dort unter III 3.

Ziele, etwa das *Otto Schily* zugeschriebene Bonmot, man müsse das Recht auch gegen den Staat verteidigen.[23]

In visionärer Hinsicht könnten Sie sich vor diesem Hintergrund matrixartig verorten zwischen den Polen

- Personen- und Rollenträger- bzw. Unternehmensprimat einerseits und
- Gegenwarts- und Zukunftsprimat andererseits.

Je nach Zuordnung strahlen Sie Unterschiedliches aus, sind für unterschiedliche Personengruppen in unterschiedlicher Weise attraktiv und können im Folgenden in unterschiedlicher Weise überzeugen. Was Ihnen andererseits nicht gelingen wird, ist für das eine zu stehen und Ihren Kunden das andere vermitteln zu wollen. Und, noch viel weniger: für gar nichts zu stehen und Ihren Kunden alles vermitteln zu wollen. Wenn Sie innerhalb der Matrix als Unternehmen keine Position erkennen lassen, sind sie nicht begreifbar, nach innen nicht, und später in der Außendarstellung erst recht nicht.

Dass Sie so nicht für jeden als Dienstleister in Frage kommen, ist ein an dieser Stelle häufig zu hörender Einwand. Es ist im Verhältnis dazu aber das kleinere Übel.

> **Tipp**
> Versammeln Sie alle, deren Einschätzung zur gegenwärtigen und künftigen Unternehmenskultur Sie haben möchten, vor einem großen Smartboard. Darauf zeichnen Sie die vier Leitkulturen mit einem schwarzen Stift im Planquadrat auf, mit „Zusammenarbeit" und „Anweisung" oben in der „Realistenhälfte" links und rechts, „Vervollkommung" und „Kompetenz" unten in der „Visionärshälfte" links und rechts. Darunter ziehen Sie einen Pfeil von „persönlich" nach „unpersönlich". Dann lassen Sie alle Beteiligten mit grünem Stift ihre Punkte und Kürzel dorthin machen, wo sie das Unternehmen gegenwärtig sehen. In Rot folgen entsprechende Sollenspunkte – dann diskutieren Sie die Ergebnisse miteinander.

---

[23] Dazu auch schon Anette Schunder-Hartung, Erfolgsfaktor Kanzleiidentität, Wiesbaden 2020, 26.

**Glaubwürdige Unternehmenswerte formulieren**
Mit Blick auf die „beflügelnden Unternehmenswerte" herrscht in der Theorie im Normalfall kein Mangel. In der Praxis liegt hier das Problem aber darin, dass die Werte aufeinander abgestimmt und erst einmal systematisch in die Unternehmensvision einerseits, Strategien und „Umgebungsbebauung" andererseits eingepflegt werden müssen, um ihnen tatsächlich zur Geltung zu verhelfen.

Zu den zentralen beruflichen Werten, die in der strategischen Geschäftsentwicklung immer wieder adressiert werden, zählen beispielsweise:

- Anerkennung und Wertschätzung,
- Disziplin und Effizienzerleben,
- Freude an und Stolz auf die Arbeit,
- Gerechtigkeitserleben,
- Glaube an Sinnhaftigkeit des Tuns,
- Harmonieerleben und Teamgeist,
- Herausforderung und Abwechslung,
- Klarheit,
- Kreativitätserleben und Freiräume,
- Respekt und Wertschätzung,
- Selbstwirksamkeitserleben,
- Sicherheit,
- Spaß und Genuss der schönen Seiten,
- Unabhängigkeit sowie
- Work-Life-Balance.

Frei nach dem zentralen Coaching-Motto „Clarity Equals Power!" füllen Sie diese und andere Ihnen wichtige Unternehmenswerte dadurch mit Leben, dass Sie sie zum einen miteinander, zum anderen mit Ihrer Unternehmensvision abgleichen – ganz im Sinne der *Dilts'schen* Abschichtung:

- Welche Werte sind für Sie am wichtigsten?
- Warum: Weil Sie besonders gut zu Ihrer Verortung in der zuvor beschriebenen Matrix passen?
- Was inwiefern der Fall ist?

Motivator wieder, während weitere Bestandteile der Aufzählung – wie die eigenen Unternehmensperspektiven – nach dem, was Sie jetzt wissen, nach weiter oben gehören. Oder, wie klare Ziele des Unternehmens und der Arbeitsvorgaben, auf eine darunterliegende Ebene.

Eng verwandt mit der Werteebene sind auf persönlicher Ebene die so genannten inneren Antreiber. Deren konkrete Relevanz für die verschiedenen Beteiligten hat großen Einfluss darauf, welche Unternehmenswerte inwieweit zum Tragen kommen können. Um diese aus der Transaktionsanalyse[24] stammenden Faktoren zu konkretisieren, eignen sich beispielsweise die folgenden zehn Testsätze, die auf einer Skala von 1–5 mehr oder weniger zutreffen können:

- Wenn ich eine Arbeit mache, dann mache ich Sie gründlich.
- Ich fühle mich verantwortlich, dass diejenigen, die mit mir zu tun haben, sich wohl fühlen.
- Anderen gegenüber zeige ich meine Schwächen nicht gern.
- Ich habe Mühe, Leute zu akzeptieren, die nicht genauso sind wie ich.
- Es fällt mir schwer, Gefühle zu zeigen.
- Ich liefere einen Bericht erst ab, wenn ich ihn mehrere Male überarbeitet habe.
- Leute, die „herumtrödeln", regen mich auf.
- Es ist mir wichtig, von den anderen akzeptiert zu werden.
- Leute, die unbekümmert in den Tag hineinleben, kann ich nur schwer verstehen.
- Ich löse meine Probleme selbst.

Um das Bild zu vervollständigen, sind schließlich auch mehr oder unbewusst ablaufende Steuerprogramme zu berücksichtigen, beispielsweise mit Blick auf die Aktivitätsausrichtung: initiativ oder reaktiv? Auch der Lösungsanspruch jedes Einzelnen kann nur zu unterschiedlich sein: Ist er

---

[24] S. hierzu als Standardwerk das unter dem Originaltitel TA Today erschienene und mit instruktiven grafischen Darstellungen versehene Werk von Stewart, Ian/ Joines, Vann S., Die Transaktionsanalyse, Freiburg i. Br. 2009.

oder sie perfektionistisch oder wird nach dem Pareto-Prinzip gearbeitet[25]? Und ist man ein Weg-von- oder Hin-zu-Typ?[26]

> **Tipp**
> Lassen Sie sich zu den Grundwerten und Antriebsfaktoren der Betroffenen nicht auf die sonst so beliebten *abstrakten Diskussionen* ein. Nach langjähriger Erfahrung von aHa Geschäftsentwicklung betonen viele Befragte in allgemeinen Gesprächen Work-Life-Balance-Elemente. Konkret: Sie wünschen sich mehr freie Zeit. In der direkten Abwägung werden dann aber plötzlich Werten wie „Herausforderung" Spitzenpositionen eingeräumt, um derentwillen der Feierabend dann freiwillig hintansteht. Wirklich brauchbare Ergebnisse erhalten Sie in diesem Bereich nur, wenn Sie die Betroffenen nach einer präzisen persönlichen Beschreibung jeweils fragen, welcher Idealwert Ihnen *im Verhältnis zu anderen konkreten Werten* wichtiger ist.

### SMARTe Unternehmensziele festlegen

Lässt man die dazwischenliegende Ebene der Glaubenssätze und Selbstzuschreibungen einmal beiseite (Stichwort: Was glauben Sie …? … wer Sie sind? Und woraus schöpfen Sie als Dienstleister im Markt besonders?),[27] stellt sich die Frage nach Ihren passenden Strategien. Erst hier werden die Ziele und Arbeitsvorgaben festgelegt, mit denen Sie in die Zukunft schreiten.

Ihre visionäre Verortung steht? Ihre Unternehmenswerte haben Sie glaubwürdig entwickelt? Wenn nicht, sollten Sie an dieser Stelle noch einmal die entsprechenden Schritte zurückgehen, um nicht der *Peter-Drucker*-Falle zum Opfer zu fallen. Dem US-amerikanischen Ökonom und Managementberater *Peter Drucker* wird eines der bekanntesten Unternehmensberatungs-Zitate überhaupt zugeschrieben: „Culture eats strategy for breakfast"! *Wenn* Sie so weit sind, können Sie weiterschreiten und sich auf die Ebene der Unternehmensziele begeben.

---

[25] Dieser nach Vilfredo Pareto (1848–1923) benannte Effekt beschreibt die 80-zu-20-Regel. Danach lassen sich 80 % der Ergebnisse mit 20 % des Gesamtaufwandes erreichen. Die verbleibenden 20 % der Ergebnisse machen mit 80 % des Gesamtaufwandes die meiste Arbeit.

[26] So zum Ganzen auch schon Anette Schunder-Hartung, Erfolgsfaktor Kanzleiidentität, Wiesbaden 2020, insb. 29.

[27] Näher Anette Schunder-Hartung, Erfolgsfaktor Kanzleiidentität, Wiesbaden 2020, 30.

Vorgehen müssen Sie dabei stets „S.M.A.R.T." (kurz: SMART). Das heißt, um ein brauchbares Ziel festzulegen, fassen Sie es möglichst spezifisch, messbar, attraktiv, realisierbar und terminiert. Im Einzelnen bedeutet das:

- Seien Sie spezifisch *(Specific)*: Beschreiben Sie Ihr Vorhaben so genau wie möglich. Nähern Sie sich dabei dem angestrebten Endpunkt immer detaillierter an. Das ist eine Art spiralförmiger Vorgang, in dem Sie die Schraube immer enger ziehen.
- Arbeiten Sie messbar *(Measurable)*: Legen Sie alle verfügbaren Maßeinheiten zu Grunde. Das können Zahlen wie Daten sein.
- Formulieren Sie attraktiv *(Attractive)*: Konzentrieren Sie sich durchweg auf positive Zuschreibungen. Vermeiden Sie Negierungen und Weg-von-Szenarien.
- Konzentrieren sie sich ausschließlich auf realisierbare *(Realistic)* Vorhaben: Das gesteckte Ziel müssen Sie mit internen, (unternehmens-)eigenen Ressourcen erreichen können. Es darf nicht unmittelbar von Dritten abhängen.
- Terminieren Sie Ihr Vorhaben *(Time-bound):* Bis zu welchem genauen Zeitpunkt wollen Sie Ihr Vorhaben umsetzen?

> **Tipp**
>
> Schließen Sie an jede SMARTe Zielfestsetzung eine qualifizierte Vorteils-Nachteils-Prüfung an! Wenn Sie ein Ziel erreichen, hat das nämlich nie nur Vorteile, es birgt immer auch materielle und immaterielle Kosten. Verfehlen Sie Ihr Ziel, ist damit umgekehrt ein Kollateralnutzen verbunden. Wenn Sie den nicht herausarbeiten, übersehen Sie auf dem Weg zum Ziel womöglich unterschwellige (Selbst-)Sabotagefaktoren. Ein Klassiker in unserer Beratung sind unterschätzte Freizeiteinbußen und der damit verbundene soziale Stress, der regelmäßig mit Umsatzsteigerungszielen verbunden ist.

Soweit Sie auch nach einer sorgfältigen Vorteils-Nachteils-Prüfung noch an Ihren Unternehmenszielen festhalten, können Sie von dort aus zu konkreteren Projektplänen für die Umsetzung voranschreiten. Zur besseren Kontrolle der Projektfortschritte empfiehlt sich schließlich auch die Festlegung von Etappenzielen, so genannten Milestones. Auch diese Zwischenziele legen Sie bitte fest wie oben beschrieben.[28]

**SMARTe Ziele in Kennzahlen übersetzen**
Die festgelegten Ziele können Sie im Anschluss gut in einen Businessplan einarbeiten. Dabei handelt es sich um ein langjährig erprobtes Tool, in welchem die Ziele unter anderem in Kennzahlen oder absolute Zahlen übersetzt werden. Dabei können Sie sowohl über Maximierungs-, wie auch über Optimierungsziele arbeiten. Häufig stehen hier Rentabilitätskennziffern im Mittelpunkt.

> **Tipp**
> Einen Businessplan-Leitfaden zum kostenlosen Download finden Sie auf der BMWi-Gründerplattform:
> https://gruenderplattform.de/businessplan-leitfaden?wdm_source=adwords&wdm_keyword=business%20plan%20erstellung&wdm_matchtype=b&wdm_device=c&wdm_ad=335220270710&gclid=EAIaIQobChMIh_f09Pzn6gIVyOF3Ch0m7ANGEAAYASAAEgJCHfD_BwE.

In der Beratungspraxis erleben wir allerdings gerade bei hoch qualifizierten Freiberuflern wie den Rechtsanwälten, die wir im Rahmen unserer KanzleiTaskforce[29] beraten, häufig, dass hier die Reihenfolge falsch umgesetzt wird. Nicht die Kennzahl an und für sich sollte im Mittelpunkt stehen, denn diese ist das Abfallprodukt der umzusetzenden Maßnahmen. Stattdessen können Sie wie folgt vorgehen: Durch das Bündel an Maßnahmen, das Sie umsetzen werden, erhöhen sich Ihre Produktivität und Effizienz. Das führt zu einer höheren Quote an abrechenbaren Stunden, was wiederum Ihren Umsatz bei gleichen Kosten erhöht. Daraus abgeleitet ergibt sich Ihre Rentabilitätskennziffer.

---

[28] S. zu Projektmanagement einführend https://wirtschaftslexikon.gabler.de/definition/projektmanagement-pm-46130.
und zu Meilenstein entsprechend https://wirtschaftslexikon.gabler.de/definition/meilenstein-38590, abgerufen jeweils am 26.8.2020.

[29] http://www.kanzlei-taskforce.de/, abgerufen am 26.8.2020.

Um die Realisierbarkeit Ihrer Ziele zu prüfen, ist Benchmarking ein besonders probates Mittel.[30] Im Rahmen des Benchmarking-Prozesses werden die angestrebten Ziele mit einem Vergleichswert abgeglichen. Dabei ist es besonders wertvoll, wenn der Blick über den Tellerrand der eigenen Firma hinausgeht und auch externe Vergleichsparameter herangezogen werden.

Diese Vorgehensweise dient bei Weitem nicht nur der Prüfung der Realisierbarkeit der neu gesteckten Ziele. Die Akzeptanz der Ziele und die Motivation, diese zu erreichen, ist umso höher, je klarer Sie beschreiben können, wie diese oft abstrakten Ziele zustande gekommen sind. Eine Zielsetzung wie zum Beispiel das Steigern der Umsatzrendite um zwei Prozentpunkte ist zu abstrakt, um dessen Erreichen als lohnenswert zu empfinden. Wenn allerdings der Weg dorthin als nachvollziehbar empfunden wird und das Erreichen mit einem messbar positiven Effekt verbunden ist, steigt die Motivation nach unserer Erfahrung immens.

**Gehör finden**
Mit dem, was *Engelhardt* als guten Führungsstil, Mitsprache und Mitgestaltungs-Möglichkeiten adressiert, verweist sie schließlich auf die zweite, äußere Ebene. Hier geht es um beobachtbares Verhalten. In der Praxis hakt es dabei allerdings nach unserem Eindruck weniger an den objektiven Gelegenheiten zur Mitwirkung, wie sie beispielsweise, aber nicht nur das Betriebsverfassungsgesetz im Unternehmen verankert. Nach unserer Erfahrung geht es hier vor allem um die praktische Bewerkstelligung von Themen wie die von uns immer wieder aufgegriffenen Punkte Führung und Kommunikation – mit teils verheerenden motivatorischen Folgen. Hierzu zitierte das Magazin der hoch renommierten FAZ-Gruppe erst im März 2020 eine Umfrage, nach der „niemand ... so lustlos zur Arbeit (geht) wie die Deutschen".[31] Speziell zur Änderungsdynamik der Rolle als Führungskraft lesen Sie im Abschn. 2.2.6 „Die Führungskraft in der Transformation".

---

[30] S. hierzu ausführlich: Julius Brenner, Nicht ohne: Benchmarking und Reporting, in: Martin Schulz/Anette Schunder-Hartung, Recht 2030, 73.
[31] Frankfurter Allgemeine Magazin, März 2020, S. 48. Demnach begebe sich jeder Vierte unmotiviert an seinen Arbeitsplatz.

Dabei kommen allein beim Thema Kommunikation[32] (mindestens) zwei unterschiedliche Kern-Herausforderungen zum Tragen:

- Was der eine sagt und was beim anderen dabei ankommt, stimmt in Gehalt und Tragweite nicht miteinander überein und
- den Beteiligten ist nicht klar, wie unterschiedlich die verschiedenen Protagonisten wirklich ticken und was das für Ihre Art, andere zu führen und/oder sich bemerkbar zu machen, bedeutet.

Um hier Verbesserungen zu erzielen, müssen Sie sich nicht nur im Einklang mit Ihrer Unternehmensvision und Ihren Werten und Zielen ausdrücken. Sie müssen auch innerhalb dieses Komplexes für Klarheit darüber sorgen, worauf ein bestimmter Stil jeweils zurückzuführen ist.

Schon allein was das Thema „Sagen – Hören" betrifft, lauern dabei zahlreiche Fallen. So enthält nach dem bekannten „Hamburger Vier-Ohren-Modell" des Kommunikationswissenschaftlers *Friedemann Schulz von Thun*[33] jede Aussage neben dem vordergründigen Informations- oder Sachaspekt auch einen Appell. Das heißt, sie soll den Hörer zu einer wie auch immer gearteten Reaktion veranlassen. Außerdem macht sie etwas über den Sprecher deutlich und ist damit neben Sachaussage und Appell auch Selbstkundgabe. Schließlich gibt es noch den Beziehungsaspekt: Immer schwingt auch mit, in welcher Beziehung sich der Absender zum Empfänger der Botschaft sieht. Und der Empfänger selbst? Dieser hört noch lange nicht dieselbe Sache. Vernimmt noch lange nicht den beabsichtigten Appell. Vernimmt womöglich eine ganz andere Ich- und Beziehungsaussage und/oder gewichtet die einzelnen Aspekte in ihrer Bedeutung zueinander ganz anders als es beabsichtigt war.

Zum anderen ist es im Unternehmenskontext ja auch nicht mit dem „richtigen Hören" getan – hier geht es um das Befolgen dessen, was im Zusammenwirken der Beteiligten geschehen muss, um Kundenaufträge

---

[32] Hierzu statt vieler zur internen Kommunikation Anette Schunder-Hartung, Erfolgsfaktor interne Kanzleikommunikation, in: Martin Schulz/Anette Schunder-Hartung, Recht 2030, 335, sowie zur externen Kommunikation Nicolai Hammersen/Marco Cabras, Jenseits von „mee too" – Zur Kommunikation von Kanzleien, dars., 349, jew. m. zahlr. w. N.
[33] Https://www.schulz-von-thun.de/die-modelle/das-kommunikationsquadrat, abgerufen am 26.08.2020.

abzuarbeiten. Das bedeutet, dass wir es insoweit mit einer mehrgliedrigen Kette zu tun haben. Sie besteht aus:

1. Sagen und
2. Hören des Gesagten und
3. Verstehen des Gehörten, sodann
4. Einverstandensein mit dem Gesagten oder wenigstens dessen Akzeptierenkönnen und
5. Beherzigen des Akzeptierten sowie schließlich dessen weiterem
6. Befolgen.[34]

Und um das Maß voll zu machen: Gleich ob verbal oder nonverbal, lautstark oder sich passiv verweigernd. – Sie senden *immer* Signale, gleich wie. Entsprechend lautet das erste der fünf praktischen Axiome des großen österreichisch-amerikanischen Wissenschaftlers *Paul Watzlawick*: „Man kann nicht nicht kommunizieren".[35] Damit ist das möglichst präzise Erkunden von Botschaften schlicht unverzichtbar.

> **Tipp**
> So einfach es klingen mag, so wenig selbstverständlich ist es – Schließen Sie in Fragen des Kommunikationsstils niemals von sich selbst auf andere! Fragen Sie lieber einmal zu viel als zu wenig nach, wie Ihr Gegenüber etwas gemeint haben könnte.

**Auf unterschiedliche Typen verschieden eingehen**
Auf jeder Ebene Ihres Unternehmens, sei es im persönlichen, im Gruppen-, Branchen- oder Standortbereich, treffen Sie auf ganz unterschiedliche Persönlichkeiten und Perspektiven. Selbst in einem und demselben Unternehmen haben Sie zwischen den einzelnen Abteilungen damit zu

---

[34] S. hierzu ebenfalls bereits Anette Schunder-Hartung, Erfolgsfaktor interne Kanzleikommunikation, in: Martin Schulz/Anette Schunder-Hartung, Recht 2030, 335 (340 Rn. 14 m. w. N.).
[35] Paul Watzlawick, Die Axiome, https://www.paulwatzlawick.de/axiome.html, abgerufen am 26.08.2020.

kämpfen, dass es unterschiedliche Denk- und Herangehensweisen gibt, die nicht immer von größtem gegenseitigem Verständnis getragen sind.[36]

Zur Erfassung der unterschiedlichen Persönlichkeitstypen, mit denen Sie es bei Ihren Bemühungen um gute Führung und Mitgestaltung zu tun haben, gibt es zahlreiche Ansätze, die teils unterschiedliche, teils einander überschneidende Eckpunkte aufzeigen. Natürlich bilden sie die Wirklichkeit nicht präzise ab, das sollen sie aber auch gar nicht. Stattdessen sollen sie eine bessere Verortung und damit ein besseres Verständnis dafür ermöglichen, mit welchen Kräften im Unternehmen Sie es zu tun haben. Entsprechend kommen Sie mit der einen oder anderen Reaktion weiter oder weniger weit.

Zu den in der Praxis besonders bekannten und bewährten Typologien[37] gehören – nach dem Zeitpunkt ihrer Entwicklung – die Modelle nach:

- *William Moulton Marston,*
- *Clare W. Graves,*
- *Fritz Riemann* und *Christoph Thomann.*

Dabei unterscheidet das bereits 1928 entwickelte sehr eingängige DISG-Modell nach *Marston* mit dem gleichnamigen Akronym die vier Grundausprägungen Dominanz, Initiative, Stetigkeit und Gewissenhaftigkeit. Grob gesagt, sind die dominanten („roten") Typen extrovertiert und sachbezogen, sie bevorzugen einen Zahlen-Daten-Fakten-Stil. Zudem sind sie, ohne es persönlich zu meinen, ausgesprochen streitbar – was von Führungskräften ja oft auch verlangt wird. Die Singer-Songwriterin *Fiona Apple* hat diese Haltung einmal sehr pointiert in den Zeilen „I would beg to disagree, but begging disagrees with me" zusammengefasst.[38]

---

[36] Ein herrliches Beispiel hierfür liefert die Schilderung von FAZ-Redakteurin Elena Geus, Kollegialität wird großgeschrieben, in: FAZ Nr. 72 v. 25.03.2020, 3: „Zur Folklore auch dieser Zeitung gehört, dass die IT-Abteilung Redakteure für Mensch gewordene Anwendungsfehler hält und die Redaktion lästert, Technik und Service taugten vielleicht für eine Schraubenfabrik, nicht aber für ein Medienhaus".

[37] Vgl. hierzu auch schon Anette Schunder-Hartung, Erfolgsfaktor interne Kanzleikommunikation, in: Martin Schulz/Anette Schunder-Hartung, Recht 2030, Frankfurt a. M. 2019, 343 f. m. w. Nachw. sowie dies., Richtig reden: Wie Sie durch bessere Kollegenansprache mehr erreichen, GP Special Kapitalmarktrecht 2019, 72 f.

[38] Fiona Apple, Under The Table, aus dem Album: Fetch the Bolt Cutters, 2020, https://www.azlyrics.com/lyrics/fionaapple/underthetable.html, abgerufen am 26.08.2020.

Die initiativen („gelben") Kolleg(inn)en hingegen sind gleichermaßen extrovertiert, aber anders als die „roten" Typen personenorientiert. Sie lieben beispielsweise freundliche Mailanreden und gut erzählte Geschichten. Ebenso personenbezogen, aber introvertiert, ist der „grüne" stetige Typ. Die letzte Kombinationsmöglichkeit, nämlich Intraversion und Sachbezogenheit, steht dann für die „Blauen". Sie sind systematisch und präzise, bevorzugen die Arbeit am PC gegenüber persönlichen Gesprächen.

Wen Sie hier falsch ansprechen, dem stehlen Sie entweder die Zeit (rot), Sie stoßen ihn vor den Kopf (gelb), überrollen ihn (grün) oder erreichen ihn womöglich nicht (blau).

Im Vergleich dazu benennt das seit den Fünfzigerjahren weiter entwickelte Wertemodell nach *Clare W. Graves* grob gesagt acht Ebenen. Innerhalb derer fokussiert er auf

- Bürokraten und
- Materialisten,
- daneben (jeweils halb so viele) Einzelkämpfer und
- Beziehungsmenschen.

Dabei sind für den bürokratischen Typus vor allem Wahrheitsglaube und Regeltreue kennzeichnend. Materialisten wollen hingegen vor allem eines, nämlich: auf ihre Kosten kommen. Das tun sie als Einzelkämpfer oder in Beziehungen, je nachdem, was ihnen jeweils am lohnendsten erscheint.

Das *Riemann-Thomann*-Modell schließlich fußt auf dem Klassiker „Grundformen der Angst", einer tiefenpsychologischen Studie des Psychoanalytikers *Fritz Riemann*, die erstmals im Jahr 1961 erschienen ist. Darin werden (mit etwas sperrigen begrifflichen Zuordnungen) vier verschiedene Typen der Persönlichkeit charakterisiert und ihre jeweiligen Ängste und Verhaltensweisen sowie deren Ursachen angesprochen.[39] In der von *Christoph Thomann* 1988 weiterentwickelten Fassung lassen sich unterscheiden: einerseits das Bedürfnis nach Nähe wie zwischenmenschlichem Kontakt und harmonischem Arbeitsumfeld und das nach Distanz, nach Unabhängigkeit und individuellem Ausdruck. Die beiden anderen Pole sind Dauer,

---

[39] Fritz Riemann, Grundformen der Angst, 44. Aufl. München 2019.

im Berufsleben manifestiert im Wunsch nach Regelmäßigkeit und Kontrolle, versus Wechsel. Im letzteren Falle geht es im Positiven um Kreativität, im Negativen kann es zu Zuverlässigkeitsproblemen kommen.

Je nach Verortung im entsprechenden Planquadrat kommen Sie mit den Impulsen, die Sie setzen möchten (und müssen), unterschiedlich gut an.

> **Tipp**
> Jedes einzelne der vorgenannten Modelle hat spezielle Stärken und Schwächen. Sie müssen sie nicht alle kennen und beherrschen – suchen Sie sich als Arbeitshilfe dasjenige heraus, das Sie am praktikabelsten finden. Behalten Sie dieses Modell dann aber auch im Kopf: Es schärft Ihr Bewusstsein für den richtigen Umgang mit Ihren internen und externen Partnern.

**Sich nach dem A.N.E.T.T.E.-Prinzip positionieren**[40]
Je weiter Sie die schon skizzierte *Dilts*-Pyramide nach unten hin abschreiten, umso mehr gelangen Sie in den Bereich der Außendarstellung. Erste Positionierungsratschläge für Ihre Auftritte als Dienstleister beziehen sich auf folgende Eigenschaften: Geben Sie sich

- authentisch – passend zu Ihrem oben geschärften Profil,
- nachvollziehbar – so dass jeder begreift, warum es gerade jetzt auf Sie ankommt,
- einfach – nach dem KISS-Prinzip: „Keep it Short and Simple",
- trennscharf – im Sinne von passend zu Ihren Wunschkunden,
- treibend – also so, dass Spielräume für spätere Weiterungen bestehen, und
- einzigartig – auf dass Nachahmer gar nicht erst animiert werden, Ihnen das Dienstleistungsprodukt streitig zu machen.

Wenn Sie die Anfangsbuchstaben des (kurz:) ANETTE-Prinzips zum entsprechenden Vornamen zusammenziehen, können Sie sich die einzelnen Vorschläge leicht merken.

---

[40] © aHa Strategische Kanzleientwicklung 2015.

In einer etwas ausführlicheren Ausformung bedeutet das: Achten Sie auf einen Auftritt, der natürlich und nicht gekünstelt wirkt, andererseits aber auch nicht farblos – und das mitunter im wahrsten Sinne des Wortes. Bringen Sie Ihre Kundennützigkeit auf den Punkt, ohne zu langweilen. Passen Sie gleichzeitig auf, dass Sie dabei nicht überheblich wirken … eine frische, humorvolle Darstellung in lockerem Tonfall lässt sich mit glaubwürdigen Sachaussagen durchaus verbinden! Dabei deutet der Profi immer an, dass mehr in seinen Ideen steckt, als er hier und jetzt ausspricht. Dass ihn bei Ihnen etwas Besonderes erwartet, merkt der Kunden anhand Ihrer speziellen Mischung aus authentischem und professionellem Auftritt auf den Sales Point hin – den Sie entsprechend auch immer wieder üben sollten.

**Die Arbeitsumgebung anpassen**
Mehr oder weniger kluge Ratschläge zur optimalen Arbeitsumgebung finden Sie mittlerweile wie Sand am Meer.[41] Dabei gibt es Stimmen, denen zufolge sich das Büro nach Covid-19 auch gestalterisch neu erfinden muss – sei es durch hohe Decken, mit kreativem Grün, einer bestimmten Beleuchtung, ausgeklügelter Farbgebung oder mittels stimulierender Düfte.[42] Bei alldem dürfen Sie allerdings eines nicht vergessen: Da die *Dilts*-Pyramide immer nur von oben nach unten funktioniert und niemals von unten nach oben, werden Sie auch mit einer noch so ausgeklügelten Arbeitsumgebung Schieflagen auf weiter oben liegenden Ebenen nicht bereinigen können. Ansetzen müssen Sie stets so weit oben wie möglich – die Arbeitsumgebung ist das unterste Glied der Kette.

## 2.1.2 Soft Skills verbessern

Eng verknüpft mit den im vorigen Abschnitt beschriebenen „klugen Vorgehensweisen" sind die subjektiven Unternehmensressourcen, auf die Sie als Dienstleister zurückgreifen können.

---

[41] S. grundlegend Christoph Bartmann, Leben im Büro, München 2012, insb. 270 ff., daneben Anette Schunder-Hartung, Erfolgsfaktor Kanzleiidentiät, Wiesbaden 2020, 39 f. m. w. N.
[42] Nina Barschneider, Produktiv mit Pfefferminz, WiWo Nr. 25 v. 12.06.2020, 92.

## Persönliche, soziale und methodische Kompetenzen erkennen

Ursprünglich grenzte man sie von den eigentlichen fachlichen Fähigkeiten und berufstypischen Qualifikationen ab, von dem, was sich durch „harte" objektive Leistungsnachweise sichtbar machen ließ: die so genannten Soft Skills. Während Sie in anderen Kulturen schon lange anerkannt waren und sind, folgt(e) im Westen die abschätzige Betrachtung traditionell auf dem Fuße. So muss in der traditionellen chinesischen Medizin der Arzt selbstverständlich den Gesichtsausdruck des Patienten interpretieren können, während man hierzulande eher die Geschichte vom *Beuys*'schen Fettfleck kennt: „Ist das Kunst, oder kann das weg?"[43]

Diese letztgenannte Haltung hat lange den differenzierten Blick darauf verstellt, was es mit diesen übergreifenden oder Metaqualifikationen auf sich hat: Dabei handelt es sich um nicht weniger als um

- persönliche Fähigkeiten,
- soziale Befähigungen und
- methodische Kompetenzen.

Zu den zentralen persönlichen Kompetenzen zählen beispielsweise[44]

- Belastbarkeit,
- Eigenverantwortung,
- Engagement,
- Motivation,
- Neugier,
- Selbstdisziplin,
- Selbstreflexion sowie
- Selbstvertrauen.

---

[43] S. bereits Anette Schunder-Hartung, Ein Indianer kennt keinen subjektiven Tatbestand, GP Special Kapitalmarktrecht 2018, 60. In einer weiteren Variante heißt es (frei nach einer Gebrauchsanweisung für Moderne Kunst): „Das kann ich auch!" S. mit diesem Titel Christian Saehrendt/Stehen T. Kittl, 2007.

[44] Aufzählung jeweils nach https://www.praktikum.info/karrieremagazin/bewerbung/soft-skills, abgerufen am 26.08.2020.

Wichtige soziale Kompetenzen sind

- Einfühlungsvermögen (Empathie),
- Integrationsbereitschaft,
- Kommunikationsfähigkeit,
- Kritikfähigkeit,
- Menschenkenntnis,
- Teamfähigkeit und
- Umgangsstil.

Was die methodischen „Skills" betrifft, verdienen

- analytische Fähigkeiten,
- Organisationstalent,
- Präsentationstechniken,
- Problemlösungskompetenz,
- Stressresistenz,
- strukturierte und zielorientierte Arbeitsweise,
- Umgang mit neuen Medien[45] und
- Zeitmanagement

Beachtung. Dabei gehen die persönliche, die soziale und die methodische Ebene regelmäßig ineinander über. Zu zentralen beruflichen Faktoren zählen nach unserer Einschätzung vor allem zwei übergreifende Komplexe: Zum einen als inneres Paket die Fähigkeiten zu Motivation, Selbst- und dabei insbesondere auch Zeitmanagement. Zum anderen, stärker außenorientiert, die Kommunikations- und Präsentationskompetenz aller Betroffenen.

Dem Training dieser Skills zu Ihren eigenen und zu Gunsten Ihres Teams sollten Sie sich in besonderem Maße widmen; auch dazu finden Sie bei uns an verschiedenen Stellen Hilfestellungen.

---

[45] Dazu ausführlich unten Abschn. 2.3.

**Motivation, Selbst- und Zeitmanagement trainieren**
Die Motivationsforschung ist geradezu der Inbegriff eines weiten Felds – bezieht sie sich doch auf die Gesamtheit aller handlungsauslösenden Beweggründe.

Gleichzeitig gibt es zur Frage nach Ihren inneren Ressourcen Standardaussagen, anhand derer sich Ihre Widerständigkeit gegenüber beruflichen Herausforderungen überprüfen lässt. Oft auch in Verbindung mit privaten Auslösern stehend, können diese Herausforderungen als besonders anstrengend empfunden werden. Zu dem damit verknüpften Thema Resilienz ist viel gesagt und geschrieben worden; einen guten Einstieg bietet Ihnen die Homepage des Mainzer LIR, des Leibniz-Institus für Resilienzforschung. (https://lir-mainz.de/resilienz, abgerufen am 13.11.2020) Ganz praktisch können Sie sich sodann beispielsweise nach einer Art Notensystem von 1–5 fragen, inwieweit Folgendes auf Sie zutrifft:[46]

- Meine Arbeit befriedigt mich. Ich erlebe sie als sinnvollen Teil eines größeren Ganzen.
- Ich habe das Gefühl, am rechten Platz eingesetzt zu sein, kann meine Kenntnisse und Fähigkeiten einsetzen und spüre Wertschätzung.
- Ich weiß genau, was mein Arbeitsumfeld von mir erwartet.
- Ich kann meine Arbeit selbstständig planen und einteilen. Ich kann entscheiden, wie ich Aufgaben erledige.
- Die Arbeit ist so organisiert, dass ich meine Aufgaben in der geforderten Zeit und Qualität erfüllen kann.
- Gemessen an dem, was ich leiste, empfinde ich meinen Lohn als angemessen.
- Mein Arbeitgeber ist um eine gute Absicherung der Mitarbeiter bemüht.
- Die Wiedereingliederung nach längeren Krankheiten wird flexibel auf den Betroffenen zugeschnitten.
- Ideen und Verbesserungsvorschläge sind erwünscht, es gibt eine gute Feedbackkultur.
- Meine Arbeit lässt mir genügend Freiraum für mein Privatleben.

---

[46] Nach Ulrich Siegrist/Martin Luitjens, 30 Minuten Resilienz, Offenbach 2011; s. ergänzend hierzu Ella Gabriele Amann, Resilienz, 2. Aufl. Freiburg 2015.

In gewissen Grenzen lässt sich das „Immunsystem der Arbeitspsyche" trainieren – ebenso wie Ihr übriges Immunsystem auch. So können Sie beispielsweise mit Affirmationen zu arbeiten lernen, also mit selbstbestätigenden Merksätzen. Sie beschreiben als Positivformulierungen im Präsens einen künftig verbesserten Zustand, beispielsweise: „Ich bin gut in meine Abteilung integriert".[47]

> **Tipp**
> Lassen Sie Ihre Mitarbeiter eine bis maximal drei Herausforderungen in solchen kurzen Affirmationen auf Karteikarten notieren. Empfehlen Sie Ihnen, täglich solange einen Blick darauf zu werfen, bis sie auswendig wissen, was auf der Vorderseite zu lesen ist. Dann verlängern Sie für die Betreffenden den Turnus, geben das Verfahren im Sinne eines praxisAFFINen Nachhaltens[48] aber nicht auf.

Auch die weiteren Erfolgsfaktoren eines guten Selbstmanagements sind an und für sich kein Hexenwerk. Sie bestehen im Wesentlichen darin,

1. Aufgaben zunächst einmal zu sammeln
2. Ziele – wie oben dargestellt – zu formulieren
3. dabei Prioritäten zu setzen
4. Pläne – wie ebenfalls schon betont auch umzusetzen und schließlich
5. Ihre Erfolge auch in messbarer (SMARTer) Form praxisAFFIN[49] nachzuhalten.

Allerdings ist hier insoweit Vorsicht geboten, als Sie zum einen genau unterscheiden müssen zwischen dem, was Sie wollen, und zwischen dem, was Sie lediglich nach Meinung *nicht* maßgeblicher Dritter wollen sollen. Zum anderen sollten Sie strikt auf das „R" in SMART achten: Nur, was Sie auf Grund Ihrer inneren und äußeren Ressourcen tatsächlich aus

---

[47] S. mit einem anschaulichen Fallbeispiel Petra von der Weien, Coaching eines Mitarbeiters im Rahmen von Change-Projekten, in: Ingo Recker/Petra von der Weien (Hrsg.), Mediation, Moderation und Coaching, Baden-Baden 2019.
[48] Dieses Akronym erläutern wir näher unter Abschn. 2.1.3.
[49] S. zu diesem Begriff Abschn. 2.1.3.

eigener Kraft – als Unternehmen: aus unternehmenseigener Kraft – erreichen können, ist der Selbstoptimierung zugänglich.

Unsere ausdrückliche Warnung davor, sich lediglich auf die organisatorische Seite zu konzentrieren und dabei psychosoziale Faktoren zu unterschätzen, gilt im Besonderen mit Blick auf das Thema Zeitmanagement. Wie viel hier im Argen liegt, erhellt eine im Herbst 2018 veröffentlichte Langzeitstudie der Harvard Business School. Sie zeigt auf, dass Führungskräfte einen erheblichen Teil ihrer Arbeitszeit in Meetings verbringen – auf der ersten Führungsebene durchschnittlich über 70 % des Tages. Dabei handelt es sich aber keineswegs um grundlegende Abstimmungen nach draußen, wie man auf diesem Level eigentlich erwarten sollte. Stattdessen entfallen wiederum 70 % dieses Anteils auf die unternehmens*interne* Kommunikation.[50] In zahlreichen Rückmeldungen wurde das der Co-Autorin immer wieder als höchst unbefriedigend geschildert.

Umgekehrt sehen wir dann in Zeitmanagement-Seminaren und Workshops bei aHa Geschäftsentwicklung oft, dass es auf diesem Gebiet schlicht an Basiswissen fehlt. Anders als *ihr Geld* lassen sich selbst Führungskräfte *ihre Zeit* erstaunlich oft von außen zuteilen. Da werden Kalender fast nur von Assistenten geführt, zahllose interne Meetings während der besten Arbeitszeit kommentarlos geschluckt. Tabellarische Arbeitshilfen, die sich als (kostenfreie) Apps auf Smartphones ziehen ließen, werden ignoriert.[51]

Prominentes Beispiel für eine – auch virtuell zum kostenfreien Download erhältliche – Arbeitshilfe zum Zeitmanagement ist das *Eisenhower*-Quadrat.[52] Das nach dem gleichnamigen US-Präsidenten und Alliierten-General benannte Schema unterscheidet

- wichtige und dringende Aufgaben,
- lediglich wichtige Aufgaben,

---

[50] Michael Porter/Nitin Nohria, Zeitmanagement, Harvard Business manager, September 2018, S. 21 (28).
[51] Zwar mögen dabei auch sicherheitsrelevante Prüfungen durch den Arbeitgeber eine Rolle spielen. Das ist aber nicht durchweg der Fall.
[52] Instruktiv hierzu ist die Online-Einführung des Wirtschaftsmagazins impulse: Lisa Büntemeyer, So finden Sie Zeit für das, was wirklich wichtig ist, https://www.impulse.de/management/selbstmanagement-erfolg/eisenhower-prinzip/3558243.html, abgerufen am 26.08.2020.

- lediglich dringende Aufgaben und
- Aufgaben, die weder wichtig noch dringend sind.

Erstere sollten Sie selbst erledigen, und zwar sofort, die zweitgenannten (wichtigen) ebenfalls selbst, aber zu einem bestimmten vorher festgelegten Zeitpunkt. Dringende Aufgaben müssen hingegen zwar sofort, aber nicht unbedingt von Ihnen abgearbeitet werden. Und der Rest? Eigentlich gar nicht. Zur Visualisierung lassen sich verschiedenfarbige Zettel auf Smartboards bzw. Magnetwänden hin- und herschieben. Oder Sie versorgen sich eben mit einer entsprechenden App.

Von grundlegender Bedeutung erscheint es uns so oder so, dass Sie Wertigkeitsunterschiede zwischen Ihren verschiedenen Vorhaben erkennen und festlegen.

> **Tipp**
>
> Legen Sie sich drei Projekte oder Ideen vor, deren unterschiedliches Gewicht Ihnen auf den ersten Blick einleuchtet. Das wichtigste, das A-Projekt, gehen Sie unmittelbar praxisAFFIN[53] an. Das zweitwichtigste, das B-Projekt, delegieren Sie. Den C-Vorgang lassen Sie fallen.

Ein weiteres bekanntes Zeitmanagement-Instrument ist die so genannte ALPEN-Methode nach *Lothar J. Seiwert*. Danach sollten Sie getreu den Anfangsbuchstaben dieses Akronyms

- Aufgaben planen,
- Länge einschätzen,
- Puffer schaffen,
- Entscheidungen treffen und – einmal mehr: -
- Nachkontrollieren.

Dabei empfiehlt es sich, die oben genannten Aufgaben nicht nur zu definieren, sondern erneut zu priorisieren. Was die maximal zu verplanende Zeit betrifft, so sollten Sie es bei maximal 60 % belassen! Mindes-

---

[53] Dieses Akronym erörtern wir im Einzelnen unter Abschn. 2.1.3.

tens 20 %, eher 30% benötigen Sie nämlich regelmäßig für unvorhergesehene Ereignisse, die letzten 10 – 20 % für kreative und soziale Zwecke im weiteren Sinne. Soweit Sie Entscheidungen treffen und nachkontrollieren, kann das in der Praxis einerseits Priorisieren, Delegieren, Kürzen, andererseits auch hier wieder Erledigen, Übertragen oder Streichen bedeuten.

> **Tipp**
> Lassen Sie Ihr Zeitmanagement für eine gewisse Dauer – am besten über ein Kalenderjahr hinweg – von einem unabhängigem Beobachter überwachen, der Ihnen beim Verfehlen entsprechender SMARTer Ziele immer wieder auf die Finger klopfen darf. In kaum einem anderen Bereich ist die Gefahr, in alte Gewohnheiten zurück zu verfallen, ähnlich groß!

### 2.1.3 Kluge Vorgehensweisen einüben

Die schlechte Nachricht ist, dass wir nicht nur in einer wirtschaftspolitisch heiklen Zeit leben, weil sich die Auswirkungen der Covid-19-Pandemie auf Dienstleister aller Voraussicht nach noch eine ganze Weile lang hinziehen werden. Zu entsprechenden Ängsten vor Auftragsverlusten und um Arbeitsplätze kommen schon seit geraumer Zeit weitere Stressoren. Sie reichen von

- vermehrten Ablenkungsreizen in Großraumbüros und auf Bildschirmen über
- Unzuverlässigkeitserfahrungen durch Outsourcing-Prozesse – aber auch digitale Systemabstürzen aller Art – bis hin zu
- Entgrenzungsängsten in Form eines zuweilen regelrechten Erreichbarkeits *wahns*, kontrastiert von einer deutlich spürbaren Angst vor
- allfälligen autonomen Systemen bzw. Plattformsystemen, die das eigene Unternehmen ausbooten, sowie Gewinne und Arbeitsplätze kosten könnten.

Auch das New Work-ABC, dem wir uns mit unseren Ausführungen zu agilem und mobilen Arbeiten näher zuwenden, ist hier erst einmal alles andere als ein Stabilisierungsfaktor. Agiles und mobiles Arbeiten wollen sorgfältig in bestehende Systeme eingepflegt werden – und das im „Permanent Beta" einer VUKA-Welt.[54] Der mit diesem Akronym skizzierte permanente Wandel in einer volatilen, unsicheren, komplexen, ambivalenten Umgebung ist ohnehin nicht jedermanns Sache.[55] Allein der Agilitätstrend in Unternehmen bringt einen fundamentalen Wandel für Mitarbeiter aber Führungskräfte im Besonderen mit sich, der nach entsprechend sorgfältiger Annäherung verlangt.

Die gute Nachricht ist, dass Sie sich in dieser Situation nicht wie das Kaninchen vor der Schlange wegducken müssen. Was Ihre künftigen Arbeitstechniken betrifft, so haben Sie ebenfalls eine ganze Reihe von Möglichkeiten zur Verfügung, um Ihre Entwicklung voranzutreiben.

**Effektiv und effizient arbeiten**
Der Klassiker auf dem Weg zu Ihren unternehmerischen Zielen ist die Empfehlung, darauf effektiv und effizient hinzuarbeiten. Umso erstaunlicher ist es, dass allein diese beiden Begriffe vielerorts durcheinander geworfen werden. Für die praktische Handhabung lässt das nicht wirklich hoffen – dabei ergibt sich der Sinn dieser Wortschöpfung bereits aus der Grammatik: „Effektiv" arbeiten meint: „einen Effekt zu erzielen". Je höher die Qualität der einzelnen Elemente (Ergebnisse), desto effektiver ist die Arbeit verlaufen. Eine Kosten-Nutzen-Betrachtung ist damit allerdings nicht verbunden! Als Dienstleister sind Sie dann maximal effektiv, wenn Sie den Kundennutzen möglichst gut bedienen und seine Bedürfnisse bestmöglich erfüllen können.

Um das Ergebnis und den damit verbundenen Aufwand gegeneinander abzuwägen, wird wiederum der Begriff der Effizienz verwendet. Effizienz ist ein Investitions-, ein Wirtschaftlichkeitsmaß. Das aber wiederum nichts darüber aussagt, ob Sie *die richtigen Dinge* tun. Sie erledigen sie richtig, wenn Sie kluge Vorgehensweisen wählen, was aber seinerseits nur die halbe Miete ist. Denn hier gilt, noch einmal mit *Peter F. Drucker*: „There is surely nothing quite so useless as doing with great efficiency what should not be done at all".[56]

---

[54] S. hierzu auch Abschn. 2.2.6.
[55] S. hierzu neben unseren eigenen Ausführungen im agilen Kontext auch instruktiv Christophe Braun/Udo Krauß, Agile Power Guide, Düsseldorf 2019, 14 ff. m. w. N.
[56] Peter Ferdinand Drucker, Managing for Business Effectiveness. In: Harvard Business Review. 3, May and June, 1963, p 53 ff.

Ein anschauliches Bild für das Zusammenwirken beider Teilbereiche ist das Effektivitäts-Effizienz-Fahrrad: Handeln Sie effektiv, läuft das Vorderrad rund, handeln Sie zudem effizient, auch das Hinterrad. Jetzt, und erst jetzt kommen Sie als Dienstleister voran.[57]

**PraxisA.F.F.I.N.[58] vorgehen**
Wenn Sie nach einem einfach gearteten, durchweg handhabbaren Minimal-Arbeitsstandard suchen, dann empfehlen wir Ihnen Folgendes:

1. Stellen Sie ausreichend, zielgerichtet und in der richtigen Weise Fragen und
2. gehen Sie praxisA.F.F.I.N. (kurz: praxisAFFIN) vor.

Was dabei zunächst Ihre Fragetechniken betrifft,[59] so überlegen Sie im Vorfeld, ob Sie Ihr Gegenüber weiträumig einfangen müssen und/oder letztere zu knappen Antworten neigen. Besonders im letztgenannten Fall fragen Sie „offen" so, dass ein schlichtes Ja oder Nein keinen Sinn ergibt. Klassische Leitfragen sind die so genannten W-Fragen:

- Wer?
- Was?
- Wie?
- Wann und wo?
- Warum und wozu?

Ist dagegen jemand eher redselig und/oder soll direkt Stellung beziehen, fragen Sie im Gegenteil „geschlossen", ob oder ob etwas nicht sein soll.
Ein Mittelweg ist die Kategorie der so genannten halb offenen Fragen, die einige, aber nicht alle Antwortbestandteile eingrenzen. Beispiele hierfür sind:

---

[57] Nach Christophe Braun/Udo Krauß, Agile Power Guide, Düsseldorf 2019, 78 f.
[58] © aHa Strategische Kanzleientwicklung 2015.
[59] S. hierzu instruktiv Andreas Patrzek, Systemisches Fragen, Wiesbaden 2015.

- Warum sollten wir gerade diese Maßnahme ergreifen (Begründungsfrage)?
- Welcher Effekt ist uns dabei am wichtigsten (Initialfrage)?
- Was kostet uns das (Bestimmungsfrage)?
- Was haben Sie sich dabei gedacht (Rückfrage)?
- Wie geht es in dieser Sache jetzt weiter (Zukunftsfrage)?

Mit Blick auf eine durchgehend praxisAFFINe Vorgehensweise gilt sodann: Dabei handelt es sich ebenso wie bei der SMARTen Zielsetzung und beim A.N.E.T.T.E. ANETTE-Prinzip um ein Akronym, also eine Buchstabenkombination aus Initialen. In diesem Fall steht es für Ihre Aufforderung zum Analysieren, Formulieren, Festlegen, Implementieren und Nachhalten von Ist- bzw. Soll-Zuständen.

Mit anderen Worten:

- Analysieren Sie den Ist-Zustand, in dem Sie sich befinden.
- Formulieren Sie den (SMARTen)[60] Soll-Zustand, zu dem Sie gelangen wollen.
- Legen Sie eine bestimmte Vorgehensweise fest, um den Soll-Zustand zu erreichen (Festlegen).
- Implementieren Sie Ihr Vorhaben. Achten Sie dabei selbst, gegenseitig und/oder mit Hilfe interner oder externer Feedback-Geber konsequent auf eine Umsetzung.
- Halten Sie die einmal getroffenen Vorhaben zielgenau nach (Nachhalten).

Allerdings verlaufen entsprechende Prozesse in der Praxis nicht linear. Vielmehr sieht man im Lichte der voranschreitenden Arbeit manches scheinbar Abgehakte mit anderen Augen, schätzt die Dinge zuweilen dann auch anders ein und muss noch einmal einen Schritt zurückgehen, um dann weiter vorwärtszukommen. Das gilt im Kleinen ebenso wie in der großen Linie: In beiden Fällen sollte man in Rechnung stellen, dass es Rückbezüge gibt, und seine Arbeitsweise entsprechend anpassen.

---

[60] S. Abschn. 2.1.1.

> **Tipp**
> Arbeiten Sie bildhaft! Was spricht gegen ein Memo-Blatt mit der Aufschrift „praxisAFFIN Arbeiten!" an gut sichtbarer Stelle?

**Standardverfahren hinzuziehen**
Um Ihre Situation mit Blick auf einen bestimmten Soll-Zustand besser zu erfassen, empfehlen sich kombinierte Betrachtungen nach dem S.W.O.T.- (kurz: SWOT-)Verfahren.[61] Bei diesem Analyseprozess werden

- intern Ihre unternehmenseigenen
  - Stärken („Strenghts") und
  - Schwächen („Weaknesses") so.wie
- extern die aus Ihrem Umfeld herrührenden
  - Chancen („Opportunities") und
  - Risiken („Threats")

miteinander abgeglichen. Aus jeder einzelnen Punktekombination resultieren dabei andere weiterführende Fragen. Kombinieren Sie beispielsweise Stärken mit Risiken: Wie neutralisieren Sie durch Ihr besonderes Produktportfolio die Folgen der Covid-19-Krise? Umgekehrtes Beispiel, Schwächen kombiniert mit Chancen betreffend: Selbst wenn Sie kein Großunternehmen, sondern ein KMU-Dienstleister sind – eine geschickte Digitalstrategie setzt auch Sie instand, schneller mehr zu erledigen und ihre Produkte besser zu hebeln.

Soweit Sie im Rahmen dessen Ihr Produktportfolio an Beratungsleistungen und Kundenbeziehungen hinterfragen möchten, können Sie das gut nach den Strukturvorgaben der Boston Consulting Group tun. Deren „BCG-Matrix" unterscheidet in einem zyklischen Vierklang zwischen

- Nachwuchsbereichen oder Fragezeichen („Question Marks"),
- „Stars",

---

[61] S. einführend https://wirtschaftslexikon.gabler.de/definition/swot-analyse-52664, abgerufen am 26.08.2020.

- Melkkühen („Cash Cows") und
- Auslaufbereichen („Poor Dogs").

Dabei bewegen Sie sich mit Ihren „Question Marks" in Wachstumsmärkten, verfügen dabei aber nur über einen geringen Marktanteil. Oft handelt es sich um investitionsintensive neue Ideen und Vorgehensweisen, deren Erfolgsaussichten unsicher sind, die sich im Idealfall aber in „Stars" verwandeln. Wenn alles gut geht, zählen „Stars" nach ihrer Einführungsphase zu den Erfolgsprodukten in einem wachsenden Markt und erwirtschaften entsprechende Gewinne, bevor sie im Optimalfall als spätere „Cashcows" für hohe Geldzuflüsse sorgen.

Entsprechende liquide Mittel lassen sich wiederum im Sinne einer Abschöpfungsstrategie auch dazu verwenden, „Question Marks", „Stars" und „Poor Dogs" zu finanzieren, solange Sie sich davon noch nicht verabschieden möchten. Tatsächlich geht es auf dem „Cashcow"-Peak auch darum, den Marktanteil an einem Dienstleistungsprodukt zu halten, eine Umwandlung in ein „Fragezeichen" oder einen „Star" zu avisieren oder einen rechtzeitigen Produktabstoß vorzubereiten.

Am unteren Ende des Zyklus sind es dann die „Poor Dogs", deren niedriger Marktanteil in stagnierenden oder allenfalls langsam wachsenden Märkten sie für ihre Anbieter zu Auslaufprodukten macht. Wird der Deckungsbeitrag negativ und gibt es auch keine besonderen strategischen Gründe mehr, an ihnen festzuhalten, muss man sie eliminieren, sprich: vom Markt nehmen. Hier wie generell sollte Ihre Investitionsbereitschaft in ein Dienstleistungsprodukt davon abhängen, in welchem Segment des Lebenszyklus' es sich gerade befindet.[62]

Sollten Sie es bei einer bloßen Stärkenanalyse belassen wollen, die sich auf einzelne Talente Ihres Unternehmens bezieht, bietet sich schließlich die S.I.G.N.- (kurz: SIGN-)Methode an.[63] In dieser Buchstabenkombination steht

---

[62] S. hierzu als Einstieg https://www.betriebswirtschaft-lernen.net/erklaerung/portfolio-analyse-bcg-matrix/, abgerufen am 26.08.2020, und zum vertieften Verständnis Jürgen Weimann, Die Portfolio-Analyse am Beispiel der BCG-Matrix, Norderstedt 2011.
[63] S. dazu u. a. Christophe Braun/Udo Krauß, Agile Power Guide, Düsseldorf 2019, 70 f. m. w. N.

- „S" für die Frage nach Spitzenleistungen: Worin sind die Betreffenden – vielleicht ganz abweichend von Ihrem bisherigen Einsatzgebiet – besonders gut?
- „I" für instinktive Sicherheit: Welche Tätigkeiten sprechen die Betreffenden an?
- „G" für Glück: Wobei werden Erfüllung und ein Flow-Gefühl erlebt?
- „N" für Notwendigkeit: Was gilt den Betreffenden als besonders sinnstiftend?

Vorsicht ist allerdings vor allzu simplen Interessenabfragen geboten: Bloße Vorlieben einerseits, Potenzial und Talent andererseits sind durchaus zwei verschiedene Dinge.[64]

> **Tipp**
> Auch hier gilt wieder: Machen Sie sich ein Bild. Zeichnen Sie sich die vier dargestellten Elemente beginnend oben links im Uhrzeigersinn in ein Planquadrat. Welches Projekt kleben Sie per Post-It-Zettel wohin?

**Fairness-Regeln durchsetzen**
Welchen Arbeitsmodellen Sie auch immer nähertreten – Bestehen Sie unbedingt auch untereinander darauf, dass bestimmte Fairness-Regeln gelten! In diesem Zusammenhang haben sich einige Leitlinien aus der Mediation bewährt, an deren Spitze die geradezu klassischen Lehren von *Roger Fisher, William Ury* und (später auch) *Bruce Patton* stehen.[65] Sie beziehen sich auf die folgenden fünf Kernaspekte:

- Menschen (People),
- Interessen (Interests),
- Möglichkeiten (Options),
- Maßstäbe (Criteria) sowie
- Rote Linien (BATNA).

---

[64] Bestätigend Kristin Rau, Was können Sie besser als andere?, WirtschaftsWoche Nr. 27 v. 26.06.2020, 92 ff.
[65] Roger Fisher/William Ury/ Bruce Patton, Getting to Yes, 2. Aufl. London 1991.

Dabei müssen Sie mit Blick auf das Miteinander aller Beteiligten die Menschen stets von den Herausforderungen unterscheiden, die mit ihnen, und den schon bekannten Fähigkeiten, Fertigkeiten und Interessen verbunden sein mögen. Die Grundregel „Separate the people from the problem" meint insoweit, dass Sie die Herausforderungen (Sachfragen) und die darin involvierten Menschen immer separat voneinander beurteilen sollten. Der Interessensaspekt hingegen zielt darauf, dass man sich so wenig wie möglich auf Positionsstreitigkeiten einlassen sollte. „Focus on interests, not positions": Lassen Sie sich niemals auf vordergründige Standpunkte ein, sondern fokussieren Sie stets auf die dahinterstehenden Bedürfnisse und Wünsche.

Der Optionen-Punkt zielt sodann auf das schon[66] erwähnte Limoncello-Prinzip: „Invent options for mutual gain" – schaffen Sie Win-win-Angebote für alle Beteiligten. Schließlich: Bestehen Sie auf neutrale, sachbezogene Beurteilungskriterien („Insist on using objective criteria"). Wenn es gar nicht anders geht: Stellen Sie an diesem Punkt und mit diesem Beteiligten die Zusammenarbeit ein. „BATNA" steht insoweit nämlich für die Entwicklung Ihrer besten Alternative zum Weitermachen, der „Best Alternative to a Negotiated Agreement".

> **Tipp**
> Wenn Sie hier auf Widerstände stoßen, klären Sie als erstes die Frage des „bösen Vorsatzes". Wenn jemand in Ihrer eigenen Gruppe nicht nur versehentlich quertreibt und Sie ihn nicht ausschließen können, müssen Sie gegebenenfalls mithilfe formeller Mediations- oder Coachingprozesse intervenieren. Denkbar ist dabei in letzter Konsequenz auch ein Training für die restliche Mannschaft in Richtung eines sachdienlichen, aber robusteren Umgangs mit dem Störer!

### 2.1.4 Agile Methoden adaptieren

Den Übergang in die agile Methodik, auf die wir unter Abschn. 2.2 näher eingehen, markieren die beiden folgenden Methoden: das Arbeiten in Design Thinking-Schleifen und, ihm folgend, das Durchführen von Double Diamond-Prozessen. Dabei wird gewissermaßen schaukelnd um eine Lösung gerungen, die sehr nahe am Dienstleistungskunden ist.

---

[66] Abschn. 2.1.1.

**Design Thinking praktizieren**
Eine zunehmend beliebte, weil kreative Arbeitsmethode ist die Problemlösung in Rückkopplungsschleifen nach dem Muster des Design Thinking. Ihr liegt die schon eben beschriebene Erfahrung der Nichtlinearität zu Grunde. Wichtig ist auch, dass die Beschaffenheit eines Produkts nicht früh genug aus Kundensicht begutachtet werden kann – sonst wird der Kunde dasselbe entweder zweckentfremden oder, wahrscheinlicher, gleich links liegen lassen. Das gilt auch für Dienstleistungen bzw. Serviceprodukte, die Sie ihm schmackhaft machen wollen.

Zusammenfassend lässt sich Design Thinking als Innovationsmethode definieren, die auf Basis eines iterativen – sich also schrittweise wiederholenden – Prozesses nutzer- und kundenorientierte Ergebnisse zur Lösung komplexer Herausforderungen liefert. Dabei bezeichnet „Design" entsprechend dem englischen Sprachgebrauch nicht nur formgebende, sondern auch konzeptionell-technische Aspekte.[67]

Maßgebliche Elemente der soeben erwähnten Rückkopplungsschleifen sind die folgenden Etappen:

- Verstehen,
- Beobachten,
- einen Standpunkt entwickeln und einnehmen,
- Ideen kreieren,
- (frühzeitig) einen Prototypen für das angedachte Produkt bzw. die angedachte Dienstleistung entwickeln,
- Testen und
- einen Rückbezug herstellen.[68]

Ein berühmtes praktisches Beispiel für die praktische Durchführung eines solchen Prozesses ist die auf *Peter Skillman* zurückgehende Marshmal-

---

[67] Falk Uebernickel/Walter Brenner/Britta Pukall/Therese Naef/Bernhard Schindlholzer, Design Thinking, S. 16. Eine weitere Definition stellen Christophe Braun/Udo Krauß, Agile Power Guide, Düsseldorf 2019, 80 f. unter Hinweis auf die IBM Think Academy vor: „Design Thinking focuses on understanding people's needs and creative discovery of solutions to meet those needs. Its core concepts are understand, explore, prototype and evaluate."
[68] S. zum Ganzen bereits ausführlich Anette Schunder-Hartung, Neue Handlungsmuster für das digitale Zeitalter, in: Martin Schulz/Anette Schunder-Hartung (Hrsg.), Recht 2030, Frankfurt a. M. 2019, 1 (16 ff. Rn. 40 ff.).

low-Challenge.[69] Bei dieser Praxisübung bekommen Teams aus jeweils vier Personen einige Materialien zum Bau eines frei stehenden Turms, und zwar

- 20 ungekochte Spaghetti,
- eine 1m lange Klebebandrolle,
- eine ebenso lange Bindfadenrolle,
- 1 normal großes Marshmallow,
- 1 Schere und
- 1 rutschfeste Unterlage für den Tisch.

Aus diesen Materialien sollen sie das Bauwerk innerhalb von 18 Minuten errichten, wobei das Marshmallow nur oben angebracht werden darf. Gewonnen hat, wer den höchsten Turm errichtet. Das klingt sehr viel einfacher, als es tatsächlich ist, wie die Co-Autorin auch schon in Ihren eigenen aHa-Anwaltsrunden (und am eigenen Leib) erfahren hat. Wie es scheint, schneiden beim Turmbau Kinder oft besser ab als Erwachsene.
Der Grund:

> Erwachsene sind üblicherweise darauf trainiert, die einzig richtige Lösung zu finden. Wenn sie bei uns aber den Marshmallow auf die Spitze piksten und die ganze Konstruktion zusammenbrach, hatten sie keine Zeit mehr, eine neue zu bauen – und erleben eine klassische Krise. Die Kindergartenkinder dagegen begannen einfach mit einer Marshmallow-Spaghetti-Kombination und bauten darauf basierend Prototypen – einen um den anderen. Immer mit dem Marshmallow oben auf. So verbesserten sie ständig ihre Konstruktion, erlebten Erfolge und Irrtümer, hatten am Ende die ungewöhnlichsten Bauwerke – aber eben auch solche, die aufrecht standen. Und natürlich bekam jeder im Kinder-Team unmittelbar Feedback darüber, was funktionierte und was nicht.[70]

> **Tipp**
>
> Das Marshmallow-Experiment zeigt es: Probieren geht über Studieren. Um selbst bzw. mit anderen die Vorteile des Design Thinking als eines kreativen Prozesses zu erkunden, üben Sie sich als Team einfach einmal in der beschriebenen Weise daran.

---

[69] S. statt vieler https://medium.com/@joyclee/the-marshmallow-challenge-f4102d3b72c6, abgerufen am 26.08.2020. xxx.
[70] So die plastische Beschreibung in https://karrierebibel.de/der-marshmallow-test/#Marshmallow-Challenge-Wie-gut-ist-Ihr-Team.

**Double-Diamond-Prozesse abschreiten**
Ein ebenfalls aus dem Design-Bereich stammender Lösungsansatz ist der so genannte Double Diamond-Prozess.[71] Dieser Prozess hilft Ihnen als Team dabei, Ihre Gruppenarbeiten interaktiv zur Vorstellung bei einem Dritten voranzutreiben. Dabei visualisiert der „doppelte Diamant" oder „Double Diamond" einen Kreativprozess oder einen Design Sprint und verdeutlicht so Bedürfnisse Ihrer Kunden. Er dient der Veranschaulichung von Herausforderungen in zwei diamantförmigen Bereichen bei einer Unterteilung in insgesamt vier Phasen. Dabei steht die

- Phase 1 für das Verstehen des Problems mit dem Auslöser, also der Ursache im Sinne einer Idee oder einer neuen Anforderung an ein (Dienstleistungs-)produkt.
- Phase 2 für das Definieren und Herausarbeiten des Problems. Insoweit stehen die Nutzer- bzw. Kundenbedürfnisse im Vordergrund.
- Phase 3 für das Entwickeln von Lösungsansätzen und
- Phase 4 für die Entscheidung und die Entwicklung der Lösung.

Tatsächlich läuft dieser Prozess selten linear und gleichförmig ab. In der Regel ist ein Hin- und Herpendeln zwischen den Phasen, insbesondere zwischen Phase 2 und 3, erforderlich. Das ist zeitaufwändig, da die Prozessschritte solange wiederholt werden müssen, bis zufriedenstellende Resultate erzielt werden können. Die erarbeiteten Ergebnisse müssen dabei nicht zwingend eine Antwort auf die am Anfang prozesseinleitend gestellte Frage sein. In der Iteration der Prozessphasen können Rückmeldungen der Nutzer auch dazu führen, dass die Eingangsfrage verändert gestellt werden muss.

Darüber hinaus passiert es (auch uns) nicht selten, dass neue Fragestellungen, die bisher gar nicht bedacht wurden, formuliert und sogleich beantwortet werden. Der Vorteil (auch) dieser Vorgehensweise liegt ganz klar in der Nutzerzentrierung: Der Prozessablauf orientiert sich am Nutzer, und dadurch, dass eine fortwährende Rückkopplung und Interaktion stattfindet, werden die Kundenbedürfnisse in besonderer Weise in den Mittelpunkt gerückt.

---

[71] Dazu statt vieler https://www.testingtime.com/blog/double-diamond-design-prozess/.

Tatsächlich müssen Sie es aber bei diesen Maßnahmen nicht belassen. Sie können auch insgesamt auf eine agile Vorgehensweise umschalten. Was das bedeutet, erläutern wir Ihnen im Anschluss.

## 2.2 Agil arbeiten

Über agiles Arbeiten ist mittlerweile Vieles gesagt und geschrieben worden. Teils vehemente Rückmeldungen weisen aber darauf hin, dass hier ein ziemliches „Praxisgap" besteht.

Mit anderen Worten: Ausgerechnet dieses so wichtige Arbeitsformat, für das der Spruch „Es gibt nichts Gutes, außer man tut es",[72] geradezu erfunden worden sein könnte, wird offenbar noch immer zu oft am grünen Tisch gelehrt. Auf die Frage der Umsetzbarkeit im konkreten Betriebsablauf waren vielen uns bekannten Betroffenen die Antworten in der Vergangenheit aber zu vage. Angesichts dessen vertiefen wir das „A" in SAM anhand eines ganz konkreten, detaillierten Falls. Im Folgenden können Sie agiles Arbeiten am Beispiel des Energiedienstleisters eprimo Schritt für Schritt nachvollziehen und dadurch verstehen lernen.

### 2.2.1 Gründe für ein agiles Konzept

Dabei gilt es anhand des Beispiels von eprimo zunächst zu illustrieren, wie es zum Nachdenken über ein agiles Konzept überhaupt kommt.[73]

eprimo selbst ist ein Energieunternehmen, das als Tochterunternehmen der innogy SE nunmehr zum E.ON-Konzern gehört. Das Unternehmen liefert Strom und Gas und bedient sich dabei überwiegend erneuerbarer Energieträger.[74] Nun gehören die Zeiten einer sorgenfreien Zukunft in der Energiebranche nicht nur auf nationaler, sondern insbe-

---

[72] Das irrtümlich auch Kurt Tucholsky, Marie von Ebner-Eschenbach oder Seneca zugeschriebene Zitat hat der deutsche Kinderbuchautor und Lyriker Erich Kästner 1950 in einem Epigramm mit dem Titel „Moral" geprägt, https://falschzitate.blogspot.com/2018/01/es-gibt-nichts-gutes-auerman-tut-es.html.
[73] S. zum Wandel in Richtung einer agilen Unternehmenskultur ergänzend Brigitte Ehmann, Agile Methoden für Personaler, Wiesbaden 2019.
[74] S. hierzu im Einzelnen https://www.eprimo.de/.

sondere auf europäischer Ebene der Vergangenheit an. Seit Jahren ist das Wort „Energiewende" nicht mehr aus dem politischen Alltagsgeschehen wegzudenken. So sind die Europäische Union und die nationalen Gesetzgeber mit großer Geschwindigkeit dabei, den regulatorischen Rahmen für die Energiebranche immer wieder zu erneuern bzw. zu erweitern, um die Rahmenbedingungen für die Einhaltung von Klimazielen, aber eben auch für die wirtschaftliche Entwicklung der gesamten Branche vorzugeben.

Als Beispiele seien hier das Clean Energy Package („Winterpaket"),[75] der Klimaschutzplan 2050,[76] das Grünbuch Energieeffizienz[77] oder das Ergebnispapier Strom 2030 des Bundesministeriums für Wirtschaft und Energie (kurz: Bundeswirtschaftsministeriums)[78] genannt. Diese Wende spürt jeder einzelne Bürger, der auch Energiebezieher ist, deutlich. Spätestens dann, wenn er die Jahresendabrechnung seines Versorgers erhält, kann er diese detailliert prüfen. Er wird dabei feststellen, dass sich die Energiewende direkt auf den Geldbeutel auswirkt.

Diese Kosten können zum einen durch einen Vergleich und den Wechsel des Versorgers eingedämmt werden. Zum anderen begründen Investitionen in den Klimaschutz, wie die Anschaffung verbrauchsreduzierter Haushaltsgeräte, die Wärmedämmung bei Gebäuden oder der Einstieg in die Teil- oder vollelektrifizierte Mobilität, Entscheidungen, die in den Fokus des Verbrauchers rücken. Diese Entwicklungen sind Ergebnisse des klimapolitischen Drucks, durch entsprechende Angebote das Verbrauchsverhalten mit ökonomischem Nutzen zu verbinden, um in der Folge den ökologischen Nutzen für künftige Generationen sicht- und erlebbar zu machen. Politische Vorgaben wirken sich nicht nur direkt auf den Endverbraucher aus, sondern zeigen insbesondere Reaktionen in den Unternehmen.

Wie reagieren Unternehmen auf solche politischen Vorgaben? Die Geschwindigkeit, in der neue Regularien zu beachten sind oder bestehende

---

[75] Clean Energy for all Europeans – Das Winterpaket vom 30.11.2016, http://europa.eu/rapid/pressrelease_IP-16-4009_en.htm.
[76] BMUB (Hrsg.), Klimaschutzplan.
[77] BMWi, Grünbuch Energieeffizienz.
[78] BMWi, Ergebnispapier Strom 2030, langfristige Trends – Aufgaben für die kommenden Jahre.

verschärft werden, hat bei den Unternehmen der Energiebranche ein Umdenken ausgelöst. Die Zeiten, in denen die konventionellen Energieträger mit Sicherheit auch in künftigen Jahrzehnten die sicheren Stützen des ökonomischen Überlebens darstellen, sind vorbei.

Unternehmensstrategien unterliegen heute einer wesentlich kürzeren Halbwertszeit als insbesondere in der Energiebranche bisher bekannt. Das intensive Beschäftigen mit der strategischen Ausrichtung und den operativen Ableitungen daraus hat an Intensität erheblich zugenommen. Die erwähnten politischen Entscheidungen markieren den Aufbruch in ein neues Zeitalter. So sind die Herausforderungen an die Geschäftsmodelle der etablierten Energiewirtschaft enorm gestiegen, und angesichts des politischen Veränderungsdruckes mussten sie sich gewissermaßen neu erfinden. Themen wie beispielsweise „intelligente Vernetzung" oder „dezentrale Stromerzeugung" sind dabei in den Vordergrund gerückt. Die Anpassung von Unternehmensstrategien entwickelte sich zu einem Muss, sofern diese Unternehmen nicht ihre führende Rolle verlieren wollten.[79]

Insbesondere die Vertriebsgesellschaft hatte bisher einen organisatorischen Aufbau, der durch hierarchische Strukturen geprägt war. Die Aufgabengebiete der Geschäftsführung sind bisher getrennt nach

- Operations,
- IT und
- Vertrieb

auf der einen Seite sowie

- Einkauf,
- Personal,
- Recht und
- Finanzen

auf der anderen Seite.

---

[79] Martin Kistermann, Higher Level für Unternehmen, in: Martin Schulz/Anette Schunder-Hartung, Recht 2030, 205 (206 f.).

Nachdem sich die Zielorientierung, die durch die Politik vorgegeben wurde, in Richtung Energiewende verändert hatte, stellte sich die Frage, ob die Herausforderungen die der Perspektivenwechsel mit sich bringen würde, überhaupt mit den herkömmlichen Methoden und Vorgehensweisen zu bewältigen wären. Für den Strategieprozess des Unternehmens hatte dies zur Folge, dass Ergebnisse aus Vorbesprechungen, die die Vorstellungen der Geschäftsführung beinhalteten, aber auch Vorgaben der Konzernmutter, im weiteren Prozessverlauf zu berücksichtigen waren.

Die dargestellte komplexe Materie zeigt, dass die bisherigen Vorgehensweisen einer gewissen Runderneuerung bedurften.

- Geschwindigkeit und
- Effizienz

waren die Ziele, die (erneut) auf der Agenda standen. Dabei sollte das bisherige Kerngeschäft (Verkauf von Strom und Gas an Endkunden) natürlich weitergehen, wenn dazu die hochautomatisierten energiewirtschaftlichen Prozesse die Grundlage für ein erfolgreiches Geschäftsmodell bildeten. Außerdem ist nicht nur die Steigerung der Stromproduktion durch erneuerbare Energien in den Vordergrund gerückt, sondern auch so genannte Energy + Produkte spielen eine zunehmende Rolle. Kein Energieanbieter kann sich dieser Entwicklung entziehen.[80]

Neben den veränderten Einflussfaktoren auf den Strategieprozess ändert sich sachlogisch auch die operative Ableitung daraus. Die Möglichkeiten der bisherigen Vorgehensweise im Management waren ausgeschöpft. Die bestehende Organisation schien nicht in der Lage, Herausforderungen der geschäftlichen Entwicklungen zu meistern. Folglich strebte man fundamentale Änderungen an, um sich auf den schnelllebigen Markt einstellen zu können.

Infolgedessen stellten sich die handlungsleitenden Fragen:

- Sollte es weiterhin bei den zwar schon flachen Hierarchien bleiben, was sollte sich aber bei den Zuständigkeiten ändern?

---

[80] Martin Kistermann, Higher Level für Unternehmen, in: Martin Schulz/Anette Schunder-Hartung, Recht 2030, 205 (206 f.).

- Konnte die Verantwortlichkeit eines jeden einzelnen Mitarbeiters nicht gestärkt und bestenfalls auf das gesamtunternehmerische Ergebnis ausgeweitet werden?
- Wie könnte eine Versuchslandschaft aussehen?
- Was erwarteten sich die „Macher" davon?

Diese Fragen mussten mit dem Betriebsrat diskutieren werden, da die Grundlagen für Änderungen der Organisation mit dem Betriebsratsgremium zu vereinbaren sind.

## 2.2.2 Grundlagen einer Strukturänderung und Gestaltung der Zusammenarbeit mit dem Betriebsrat

Der wichtigste Faktor für die Neuorganisation eines Unternehmens ist eine konstruktive Zusammenarbeit mit dem existierenden Betriebsratsgremium. Die heterogene Zusammensetzung des Gremiums kann den Zugang zu fruchtbaren Diskussionen erleichtern. Der Betriebsrat setzt sich aus Mitarbeitern ohne und mit Leitungsfunktion zusammen jedenfalls, soweit es sich nicht um leitende Angestellte handelt, für die die Betriebsverfassung nicht gilt. Neue Ideen für eine flexibilisierte Zusammenarbeit im Unternehmen setzen voraus, dass über Arbeitszeitmodelle nachgedacht wird und alle Beteiligten bereit sind, mutig an eine Neuorganisation des Unternehmens heranzugehen. Im Falle von eprimo heißt das: Zu diesem Zeitpunkt war nicht absehbar, wie die neue Organisationsform ausgestaltet sein sollte. Alle Parteien aber waren bereit, sich auf die bevorstehende Reise einzulassen.

**Anregungen durch das Bundesministerium für Arbeit und Soziales**
Was der Gesetzgeber bis dahin vorgab, war relativ übersichtlich. Die Themen Arbeitszeit und Wahl des Arbeitsortes waren schon in den Initiativen des Grün- und anschließenden Weißbuchs „Arbeiten 4.0" bearbeitet worden. Neben Untersuchungsergebnissen lesen Sie dort Zukunftsszenarien über eine digitale Arbeitswelt.[81]

---

[81] Grünbuch Arbeiten 4.0 – Arbeit weiter denken; abrufbar auf den Seiten des BMAS unter http://www.bmas.de/SharedDocs/Downloads/DE/PDF-Publikationen-DINA4.

Die moderne Arbeitswelt entgrenzt sich zunehmend. Darunter ist der Einsatz moderner Informations- und Kommunikationstechnologien zu verstehen, sodass Arbeit losgelöst von den bisherigen Rahmenbedingungen erbracht werden kann. Damit ist gemeint, dass Arbeit räumlich, zeitlich und organisatorisch unabhängig von den bisherigen betrieblich vorgegebenen Strukturen mit festen Arbeitszeiten und Arbeitsorten erbracht werden kann.

Hierzu stellt das Bundesministerium für Arbeit und Soziales weiterhin fest, dass entscheidend für die Zukunft

- das Innovationspotenzial und
- die Fähigkeit, Wandlungsprozesse erfolgreich zu bewältigen,

ausschlaggebend sind. So schreibt das Ministerium an der angegebenen Stelle:

> Mitgestalten, mitwirken und mitbestimmen sind die zentralen Prinzipien einer guten Unternehmenskultur – denn sie sind die Grundlage für Kreativität, Offenheit und Engagement. Kluge Personalpolitik rückt deshalb im Dialog mit den Beschäftigten „den ganzen Menschen" in den Blick: Es geht um die Vereinbarkeit von Arbeit und Privatleben, um Aufstiegs- und Entwicklungsmöglichkeiten, um Bildung und Weiterbildung, um Gesundheit und gute Führung, um alters- und Alterns gerechte Ausgestaltung der Arbeit und einen guten Übergang in den Ruhestand.[82]

Ferner stellt das Ministerium fest:

> Andere Unternehmen experimentieren mit dezentralen Organisationsformen und eröffnen neue Wege der Mitsprache, indem sie Möglichkeiten sozialer Netzwerke auf Unternehmen übertragen. Diese Formen der demokratischen Teilhabe von Beschäftigten können dazu beitragen, die Interessen von Unternehmen und Beschäftigten in einem neuen Flexibilitätskompromiss auszutarieren.[83]

---

[82] Grünbuch Arbeiten 4.0 – Arbeit weiter denken; abrufbar auf den Seiten des BMAS unter http://www.bmas.de/SharedDocs/Downloads/DE/PDF-Publikationen-DINA4, S. 65 ff, abgerufen am 26.08.2020.

[83] Grünbuch Arbeiten 4.0 – Arbeit weiter denken; abrufbar auf den Seiten des BMAS unter http://www.bmas.de/SharedDocs/Downloads/DE/PDF-Publikationen-DINA4, S. 65 ff.

Für Betriebsrat und Vertreter der Geschäftsführung war interessant, dass sich den Parteien ein weiterer Gestaltungsspielraum auftat, da der Gesetzgeber keine nennenswerten Regularien bereithielt und sich selbst erst in der Diskussion befand. Der Gesetzgeber ist immer wieder bemüht, den allgemeinen Arbeitnehmerschutz weiterzuentwickeln und greift damit teilweise beherzt in bestehende Regelungen ein. Dieses Risiko wurde von den Parteien zwar als solches wahrgenommen, führte aber zu dem Bewusstsein, dass in bester Absicht verhandelt wurde. Denn: Worum ging es eigentlich?

Die betrieblichen Interessen und deren operative Umsetzung in Ablaufprozessen stehen auf der einen Seite. *Das Unternehmen* verfolgt das Ziel, die Ressourcen so zielgerichtet als möglich einzusetzen. *Der Arbeitnehmer* verfolgt hingegen das Ziel, die Arbeit so zu leisten, dass diese seine privaten Interessen nicht zu sehr beeinträchtigt. Es geht letztlich um die Herstellung einer Balance zwischen den jeweiligen Interessen auf kollektivrechtlicher Ebene, die möglichst vielen individuellen Gestaltungen gerecht werden soll.

Das Ergebnis vorweggenommen zeigt, dass die Betriebsvereinbarungen nunmehr ohne Streitfälle seit über zwei Jahren gültig sind. Insofern kann hier von einem gelungenen Ausgleich der wechselseitigen Interessen gesprochen werden. Diese Betriebsvereinbarungen setzen sich aus mehreren tragenden Aspekten zusammen, die im Folgenden individuell beleuchtet werden.

**Verändern sich die Weisungsmöglichkeiten des Arbeitgebers?**
An dieser Stelle kommt ein Begriff ins Spiel, mit dem wir uns zuvor[84] schon statistisch befasst haben: das Homeoffice. Aus der Umgangssprache schon jetzt nicht mehr wegzudenken steht dieser Anglizismus für das Arbeiten von zu Hause aus.

Sehen wir näher hin und untersuchen, was damit auch unter rechtlichen Aspekten gemeint ist,[85] so ergibt sich Folgendes: Der ebenfalls schon

---

[84] S. Absch. 1.2.
[85] Das Gesetz, etwa in Form der Arbeitsstättenverordnung, spricht bei Arbeit außerhalb der Betriebsstätte wörtlich von „Telearbeit". S. instruktiv zum Ganzen Steffen Krieger/Tanja Rudnik/Alberto Povedano Peramato, Homeoffice und Mobile Office in der Corona-Krise, NZA 2020, 473 ff. Dieselben weisen gleich zu Beginn ihres Aufsatzes im Übrigen darauf hin, dass schon 2017 22 %, also mehr als jeder 5. Arbeitnehmer jedenfalls teilweise im Homeoffice tätig war.

erwähnte Begriff des New Work, bzw. die Flexibilisierung des Arbeitens bedeutet zuerst, dass die Arbeitsleistung nicht mehr an einem Ort, in der Regel dem Sitz des Unternehmens oder einer Betriebsstätte, erbracht wird. Die Anweisungsfreiheit durch den Arbeitgeber wird aufgehoben, denn Ort, Zeit und Inhalt können weitestgehend frei vorgegeben bzw. vereinbart werden.[86] Hierzu bieten sich Betriebsvereinbarungen oder individualvertragliche Regelungen an.

Diese Weisungsfreiheit gibt dem Arbeitgeber die Möglichkeit, die vom Arbeitnehmer zu erbringenden Leistungen näher auszugestalten. In sinnstiftender Weise konkretisiert der Arbeitgeber das Was, Wie und Wo der Leistungserbringung. Die gegenseitig vereinbarten Hauptleistungspflichten, nämlich Zeit und Qualifikation gegen Vergütung, sind davon ausgenommen.

Wichtig sind daher die Gestaltungsgrenzen, die sich aus § 106 GewO ergeben. Solche Gestaltungsgrenzen können sich aus dem Arbeitsvertrag, der Betriebsvereinbarung oder dem Tarifvertrag bzw. per Gesetz ergeben. Das Weisungsrecht des Arbeitgebers kann daher nicht das vertraglich Vereinbarte oder das gesetzlich Vorgegebene verändern, wenn die gesetzlichen Regelungen nicht dispositiv sind.

Daraus lässt sich im Umkehrschluss ableiten, dass je detaillierter die einvernehmlichen Vereinbarungen schon getroffen sind, desto weniger Spielraum für das Weisungsrecht durch den Arbeitgeber verbleibt. Insofern ist festzuhalten, dass die Vertrauensbasis zwischen Arbeitgeber und Arbeitnehmer durch die Gestaltungsdichte im Vertrag maßgeblich mitbestimmt wird. Das Ausschöpfen des rechtlich Möglichen verringert die Chancen der einvernehmlichen Gestaltung und Entwicklung im Nachgang.

Somit kann schon beim Vertragsschluss beobachtet werden, was den verheißungsvollen Aussagen des Arbeitgebers bei den Gesprächen zur Anbahnung eines Arbeitsverhältnisses geglaubt werden darf. Die geringere Detaillierungstiefe des Arbeitsvertrags an dieser Stelle kommt der

---

[86] § 106 der Gewerbeordnung (GewO) regelt dazu: „Der Arbeitgeber kann Inhalt, Ort und Zeit der Arbeitsleistung nach billigem Ermessen näher bestimmen, soweit diese Arbeitsbedingungen nicht durch den Arbeitsvertrag, Bestimmungen einer Betriebsvereinbarung, eines anwendbaren Tarifvertrags oder gesetzliche Vorschriften festgelegt sind. Dies gilt auch hinsichtlich der Ordnung und des Verhaltens des Arbeitnehmers im Betrieb. Bei der Ausübung des Ermessens hat der Arbeitgeber auch auf Behinderungen des Arbeitnehmers Rücksicht zu nehmen."

expliziten Gestaltung aber gleich, dass sich der Arbeitgeber ausdrücklich Weisungsrechte nach § 106 GewO vorbehält.

Die Grenzen des Direktionsrechts sind immer da anzunehmen, wo betriebliche Belange nicht mehr betroffen sind. Beispielsweise ist eine Anweisung, bestimmte Ehrenämter, die außerhalb des Arbeitsverhältnisses liegen, anzunehmen,[87] nicht möglich. Der Arbeitgeber kann in einem anderen Beispiel anweisen, dass sog. Zusammenhangstätigkeiten durchgeführt werden. Arbeitnehmer werden dazu angehalten, auf Reisen einen Dienstwagen zu führen und einen Kollegen mitzunehmen.[88] Die Grenzen sind fließend und werden von der Rechtsprechung ständig weiterentwickelt.

Grundsätzlich ist es dem Arbeitgeber auch möglich, den Arbeitsort zu ändern, selbst wenn der Arbeitgeber länger als ein Jahrzehnt an ein und demselben Ort arbeitete, der Arbeitsvertrag aber den Einsatz an anderen Orten vorsieht. Das Nichtausüben des Direktionsrechts, welches vertraglich vereinbart ist, führt nicht zu einer Änderung des vertraglich Vereinbarten.[89] Das hat zur Folge, dass die Rechtsstellung des Arbeitgebers, wenn eine Arbeitsortregelung nicht im Vertrag vereinbart ist oder eine Regelung lange Zeit nicht ausgeübt wurde, nicht beeinträchtigt ist. Allerdings muss sie stets billigem Ermessen entsprechen.

**Welche Folgen ergeben sich hieraus für Homeoffice-Regelungen?**
„Homeoffice" bedeutet bei genauer Betrachtung, dass der Arbeitnehmer in seinen privaten Räumlichkeiten *einen Arbeitsplatz* eingerichtet hat. Unter dem Gesichtspunkt des Arbeitsschutzes treffen den Arbeitgeber im Zuge dessen umfangreiche Arbeitnehmerschutzpflichten. Hinweise, welche Schutzpflichten einzuhalten sind, ergeben sich aus dem Gesetz.[90] Sollte ein solcher Arbeitsplatz nicht benötigt werden, ist eine andere Möglichkeit anzuraten.

---

[87] BAG 23.01.1992 – 6 AZR 87/90 = NZA 1992, 795.
[88] BAG 29.08.1991 – 6 AZR 593/88 = NZA 1992, 67.
[89] BAG 07.12.2000 – 6 AZR 444/99 = NZA 2001, 87.
[90] § 2 Abs. 7 der Verordnung über Arbeitsstätten (Arbeitsstättenverordnung – ArbStättV) besagt: „Telearbeitsplätze sind vom Arbeitgeber fest eingerichtete Bildschirmarbeitsplätze im Privatbereich des Beschäftigten, für die der Arbeitgeber eine mit dem Beschäftigten vereinbarte wöchentliche Arbeitszeit und die Dauer der Einrichtung festgelegt hat.

In diesem Falle sollten Sie eine Vereinbarung zum „mobilen Arbeiten" zu treffen.

Das „Mobile Arbeiten" bedeutet, dass der Arbeitnehmer von jedem erdenklichen Ort arbeiten kann solange betriebliche Regelungen zu Datenschutz beziehungsweise Datensicherheit eingehalten werden. Das bedeutet, dass der Ort geeignet und ausreichend sicher sein muss, um die Arbeit nach umsichtiger Einschätzung des Arbeitnehmers aufnehmen zu können. Hierzu kann der Arbeitgeber ergänzende Vorgaben machen, damit die Eignung des Arbeitsortes ausreichend durch den Arbeitnehmer beurteilt werden kann.

**Wie gestaltet man eine Homeoffice-Vereinbarung?**
Es gibt grundsätzlich zwei Gestaltungsvarianten: Zum einen die *Einrichtung des Homeoffice als neuen Arbeitsplatz* und zum anderen das zeitweise *Arbeiten im Homeoffice*. Die Wahl der Variante entscheidet maßgeblich darüber unter welchen Bedingungen der Arbeitnehmer verpflichtet werden kann aus dem Homeoffice an den Arbeitsplatz am Sitz oder eventuell der Betriebsstätte zurückzukehren.

Hierzu waren bei Manuskriptschluss einige, wenngleich nicht höchstrichterliche Entscheidungen ergangen, die den Rahmen und den Umfang der Ausgestaltung von Homeoffice-Arbeitsplätzen bestimmen. So ist beispielsweise der Arbeitgeber beim Angebot und bei der Einrichtung eines Homeoffice-Arbeitsplatzes frei.[91] D.h. der Arbeitgeber kann frei darüber entscheiden, ob er einen solchen Arbeitsplatz genehmigen möchte. Er gibt damit das Recht auf Präsenz am Unternehmensstandort auf. Dies kann weitreichende Folgen haben.

Der Arbeitgeber kann auf Grund seines Weisungsrechts den Arbeitnehmer im Rahmen billigen Ermessens versetzen, auch nach langjährigem Homeoffice-Einsatz.[92] Dies hat zur Folge, dass die Genehmigung eines Ho-

---

Ein Telearbeitsplatz ist vom Arbeitgeber erst dann eingerichtet, wenn der Arbeitgeber und Beschäftigte die Bedingungen der Telearbeit arbeitsvertraglich oder im Rahmen einer Vereinbarung festgelegt haben und die benötigte Ausstattung des Telearbeitsplatzes mit Mobiliar, Arbeitsmitteln einschließlich Kommunikationseinrichtungen durch den Arbeitgeber oder eine von ihm beauftragte Person im Privatbereich des Beschäftigten bereitgestellt und installiert ist".

[91] LAG Hessen: 10.06.2015 – 6 Sa 451/14 = BeckRS 2016, 66605.
[92] LAG Rheinland-Pfalz: 17.12.2014 – 4 Sa 404/14 = BeckRS 2015, 68467.

meoffice-Arbeitsplatzes und die Regeln zur Änderung des Ortes, an dem der Arbeitnehmer seine geschuldete Leistung zu erbringen hat, eingegrenzt werden. Der Arbeitgeber behält weiterhin das Bestimmungsrecht dazu.

Der Arbeitgeber ist nicht allein aufgrund seines arbeitsvertraglichen Weisungsrechts berechtigt, dem Arbeitnehmer Telearbeit zuzuweisen. Grundsätzlich müssen Tätigkeiten dazu geeignet sein, vom Homeoffice heraus erbracht zu werden. Die Umstände einer ausschließlich in der eigenen Wohnung zu verrichtenden Arbeit sind mit denen einer Tätigkeit, die in einer Betriebsstätte zusammen mit weiteren Mitarbeitern des Arbeitgebers auszuüben ist, nicht zu vergleichen. Der Arbeitnehmer verliert den unmittelbaren Kontakt zu seinen Kollegen und die Möglichkeit, sich direkt und persönlich mit ihnen auszutauschen. Das kann zur Folge haben, dass Abstimmungen erschwert werden und die Arbeitsqualität darunter leidet.

Darüber hinaus gibt es sozialisierende Aspekte der Arbeit in einem Unternehmen und psychologische Auswirkungen auf die Mitarbeiter. Je nach Persönlichkeit des Mitarbeiters[93] können diese Aspekte Auswirkungen auf das soziale, persönliche und/oder gesundheitliche Wohlbefinden des einzelnen Mitarbeiters haben. Was von dieser Entwicklung in Zeiten nach der aktuellen Pandemie übrig bleiben wird, ist ungeachtet der ebenfalls schon skizzierten Trainingsmöglichkeiten durchaus noch nicht klar.

Naheliegend ist, dass diese Änderungen nachhaltige Auswirkungen auf alle Mitarbeiter haben werden. Denn ist es wirklich vorstellbar, dass Arbeitgeber quasi 1:1 in die Arbeitswelt von vor der Pandemie zurückkehren werden? Insbesondere dann, wenn in Homeoffices[94] gute Erfahrungen gemacht wurden?

Die Auswirkungen der Änderungen, unabhängig davon ob temporär oder langfristig, sind gut zu beobachten. Der Arbeitgeber hat nach § 618 des Bürgerlichen Gesetzbuchs (BGB), konkretisiert durch § 5 des Arbeitsschutzgesetzes[95] eine wesentliche Schutzaufgabe für seine Arbeitnehmer. So

---

[93] Dazu bereits Näheres unter Abschn. 2.1.1.
[94] Wie bereits unter Abschn. 1.2 dargestellt.
[95] Diese Vorschrift zur Beurteilung der Arbeitsbedingungen lautet: (1) Der Arbeitgeber hat durch eine Beurteilung der für die Beschäftigten mit ihrer Arbeit verbundenen Gefährdung zu ermitteln, welche Maßnahmen des Arbeitsschutzes erforderlich sind. (2) Der Arbeitgeber hat die Beurteilung je nach Art der Tätigkeiten vorzunehmen. Bei gleichartigen Arbeitsbedingungen ist die Beurteilung eines Arbeitsplatzes oder einer Tätigkeit ausreichend. (3) Eine Gefährdung kann sich insbesondere

ist eine Gefährdungsbeurteilung durchzuführen, die die Gestaltung von Arbeitsverfahren, Arbeitsabläufen und Arbeitszeit sowie deren Zusammenwirken zum Inhalt hat. Daraus ist der Handlungsbedarf des Arbeitgebers zu ermitteln. Die Wahrnehmung dieser Verpflichtung gegenüber seinen Mitarbeitern obliegt dem Arbeitgeber auch bei einem Homeoffice-Arbeitsplatz.

Im Übrigen werden die Grenzen von Arbeit und Freizeit durchlässig. Die Grenzen des Vertretbaren sind durch den Gesetzgeber in den bekannten Arbeitsschutzgesetzen, Arbeitszeitgesetzen u.a. geregelt. Dass Arbeitnehmer gleichwohl z. T. zur besseren Vereinbarkeit von Familie und Beruf an einer Telearbeit interessiert sein können, ändert nichts daran, dass diese Form der Arbeit einem Arbeitnehmer in aller Regel nicht einseitig von dem Arbeitgeber zugewiesen werden kann.[96] So kommt es wieder auf eine entsprechende Vereinbarung an.

Aus mitbestimmungsrechtlicher Sicht muss man sich klarmachen, dass die Arbeitnehmer für die betriebliche Interessenvertretung schwerer erreichbar sind. Doch auch das lässt sich durch Anwendung der bekannten Kommunikationsmittel egalisieren und gegebenenfalls vereinbaren Sie vor Ort Termine.

Eine Homeoffice-Vereinbarung sollte folgende Inhalte berücksichtigen:

- technische Ausstattung,
- Einhaltung von Datenschutz/Datensicherheit,
- Zutrittsrechte, bzw. der Versicherung der Arbeitnehmer, dass die Vorgaben des Arbeitsschutzrecht erfüllt sind,
- Kostenregeln (Nebenkostenanteile des Wohnortes des Arbeitnehmers) und
- Kündigung, da es sich um eine vertragliche Ergänzung des bestehenden Arbeitsverhältnisses handelt.

---

ergeben durch 1. die Gestaltung und die Einrichtung der Arbeitsstätte und des Arbeitsplatzes, 2. und 3. ... 4. die Gestaltung von Arbeits- und Fertigungsverfahren, Arbeitsabläufen und Arbeitszeit und deren Zusammenwirken, 5. ... 6. psychische Belastungen bei der Arbeit.
[96] LArbG Berlin-Brandenburg 14.11.2018 – 17 Sa 562/18.

Weitere Punkte betreffen

- die Arbeitszeiterfassung und das Nachtarbeitsverbot sowie
- den Unfallversicherungsschutz.

Weiterhin sind Regeln für die Gestaltung der Tätigkeit im Homeoffice erforderlich. Geregelt werden sollte, ob es sich bei der Aufnahme der Homeoffice-Tätigkeit um eine befristete Tätigkeit handelt. Ferner, ob eine Versetzung mit der Möglichkeit der Rückversetzung vereinbart werden soll oder ob es sich um eine vertragliche Zusicherung mit Widerrufsvorbehalt handeln soll. Das hat den Vorteil, dass der Widerruf einseitig durch den Arbeitgeber erklärt werden kann. Auch der Widerruf selbst kann an weitere Kriterien geknüpft werden.

Bei alledem müssen Sie *auf Arbeitgeberseite* den Sinn und Zweck eines Homeoffice-Angebots gut überdenken. Passen die Regelungen und die Ausgestaltung im Grad der Komplexität und der Kleinteiligkeit zum Kanon der Richtlinien im Unternehmen?

*Auf Arbeitnehmerseite* wiederum gilt: Je mehr Regelungen für das Arbeiten im Homeoffice gelten und je komplexer und enger diese sind, desto unattraktiver wird das Erscheinungsbild für den Mitarbeiter. Dem Regelungsbegehren so mancher Hausjuristen ist spätestens dann Einhalt zu gebieten, wenn dem Mitarbeiter keine Selbstverantwortung zur Gestaltung am Homeoffice-Arbeitsplatz verbleibt. Es handelt sich immer noch in der Regel um die Wohnung des Arbeitnehmers. Jeder Unternehmer sollte an dieser Stelle mit Augenmaß entscheiden.

Womöglich ist eine Regelung über mobiles Arbeiten im konkreten Fall zweckmäßiger.

Zuletzt bleibt: Die Regelungen zur Arbeitszeit und zur Aufzeichnung sowie die Regelungen zu Überstunden bekommen hinsichtlich der unlängst getroffenen Entscheidung des EuGH[97] besondere Bedeutung. Der nationale Gesetzgeber hat den Handlungsbedarf erkannt aber noch nicht entschieden.

---

[97] EuGH vom 14.05.2019 (C-55/18) = NZA 2019, 683.

### 2.2.3 Mobiles Arbeiten im agilen Kontext

Wie soeben aufgeführt, kann der Arbeitgeber mit dem Mitarbeiter alternativ zu einer „Homeoffice"-Regelung eine Regelung über das „mobile Arbeiten" treffen.[98] Das ist auch durch Abschluss einer entsprechenden Betriebsvereinbarung möglich – worauf wir im Folgenden noch näher eingehen. In dieser Konstellation verzichtet der Arbeitgeber auf die Erbringung der Arbeitsleistung am vereinbarten Ort, womöglich in bestimmten Zeiträumen oder unter bestimmten Bedingungen und stellt diese Wahl dem Arbeitnehmer frei.

Das bedeutet, dass durch eine Vereinbarung zum mobilen Arbeiten der Mitarbeiter die Verantwortung dafür übertragen bekommt, dass er einen geeigneten Ort für die Erbringung der Arbeitsleitung selbst bestimmt. Ob das zu Hause oder an einem anderen Ort ist, bleibt zunächst einmal ihm überlassen. Der Mitarbeiter hat dafür zu sorgen, dass er leistungsfähig ist. Weiterhin muss er sicherstellen, dass sein Beitrag für die Datensicherheit erbracht werden kann. Beispielsweise, dass er dafür sorgt, dass Dritte keinen Blick auf seinen Bildschirm werfen können.

Außerdem müssen die Aufgaben dazu geeignet sein, dass sie im Wege des Mobilen Arbeitens erbracht werden können. Ob das so ist, muss der Mitarbeiter zuerst mit seinem Team, dann mit seinem Vorgesetzten, bzw. der Person abstimmen, die qua Rollendefinition dafür verantwortlich ist, die Arbeitsorganisation umzusetzen. Der Arbeitgeber muss immer Kenntnis davon haben, von wo aus der Mitarbeiter seine Arbeitsleistung erbringt. Ist eine Voraussetzung für das mobile Arbeiten nicht erfüllt, muss der Mitarbeiter seine Arbeitsleistung vom Firmenstandort aus erbringen.

Vereinbart werden in der Regel, dass die mobilen Endgeräte (Laptop, Tablet, Handy o. ä.) und weitere Ausstattung (Schwarzfolie, Kopfhörer u. a.) vom Arbeitgeber gestellt werden und keine privaten Endgeräte genutzt werden dürfen. Dies hat mit den bereits erwähnten Datenschutz- und Datensicherheitsaspekten zu tun.

Ferner kann der Arbeitgeber Regelungen über die Erreichbarkeit, Abstimmungen mit Teams und/oder Vorgesetztem vereinbaren. Auch hier gilt das

---

[98] S. zu den aktuellen Rechtsproblemen rund um das Mobile Arbeiten ausführlich Steffen Krieger/Tanja Rudnik/Alberto Povedano Peramato, Homeoffice und Mobile Office in der Corona-Krise, NZA 2020, 473 ff.

oben Gesagte. Je enger die Regelungen im Hinblick auf die Kontrolle der dem Arbeitgeber zur Verfügung gestellten Zeit, desto weniger Freiraum bekommt der Mitarbeiter zur Gestaltung seines Arbeitsalltages. War es bisher üblich, feste Arbeitszeiten oder Gleitzeit zu vereinbaren, orientiert sich mobiles Arbeiten an den Erforderlichkeiten der Tätigkeiten und der Aufgaben. Diese werden durch Abstimmung mit Team und Vorgesetztem geregelt.

Das Loslassen von Kontrolle und das bewusste Verzichten auf Kontrollmechanismen ist ein Vertrauensbeweis an die Mitarbeiter. Das hat nichts mit der Dauer der Betriebszugehörigkeit zu tun, sondern orientiert sich ausschließlich an dem Grund des Zusammenseins. Der wiederum erklärt sich folgendermaßen: Der Arbeitsvertrag regelt die Primärbeziehung zwischen Arbeitgeber und Arbeitnehmer. Die Leistungsbeziehung lautet aber nie nur „Anwesenheit an einem bestimmten Ort gegen Geld"!

Stattdessen geht es um „Zeit und Qualifikation gegen Erbringung einer bestimmten Tätigkeit und Geld". Der Leistungszweck des Mitarbeiters ist daher immer die Lösung von Aufgaben oder die Erbringung von Tätigkeiten, nicht jedoch die bloße Anwesenheit.

Ergänzend ist zu erwähnen, dass die Bedingungen eines Widerrufs des Mobilen Arbeitens zu gestalten sind und Hinweise zum Arbeitsschutz enthalten sein sollten.

Beide Regelungen haben weitreichende Folgen im Hinblick auf die Ablauforganisation und die Prozessgestaltung eines Unternehmens und regen die Gedanken an, sich mit den bekannten Kostenblöcken

- Miete,
- IT-Infrastruktur sowie
- IT-Ausstattung u. Ä.

auseinanderzusetzen.

> **Tipp**
> Folgende Fragen sollten Sie einer besonders sorgfältigen Klärung unterziehen: Benötigt ein Unternehmen im digitalen Zeitalter die Anzahl der Arbeitsplätze, die es bisher vorgehalten hat? Welchen Einfluss können solche Überlegungen auf die Gestaltung der Beziehung zwischen Arbeitgeber und Arbeitnehmer haben?

## 2.2.4 Die Mitbestimmungsfrage

Welchen Weg hat die eprimo GmbH nun insoweit mit dem Betriebsrat eingeschlagen?

Bei der Vereinbarung der beiden Möglichkeiten (Homeoffice oder mobiles Arbeiten) kommt zusätzlich auch eine Beteiligung des Betriebsrates in personellen Einzelfällen in Betracht. Es greifen die Mitbestimmungstatbestände der §§ 99, 102 BetrVG.

Der Mitbestimmungstatbestand der Versetzung (§§ 95, 99 BetrVG) ist anzuwenden, wird ein Arbeitnehmer in ein Homeoffice versetzt. Es handelt sich um eine wesentliche Veränderung des betrieblichen Umfelds. Gehen im Zusammenhang mit der Einführung oder dem Entzug eines Homeoffice-Arbeitsplatzes Eingriffe in den Arbeitsvertrag einher, so ist über die Regelungen der Änderungskündigung zu handeln. Die Beteiligungsrechte des Betriebsrats sind einzuhalten (§§ 102, 103 BetrVG).

Schon aus diesen mitbestimmungsrechtlichen Gründen ist die zeitnahe Einbindung des zuständigen Betriebsratsgremiums erforderlich. Die Unternehmenskultur und der bisherige Umgang mit der Arbeitnehmervertretung aber machten dies in unserem Fall unkompliziert, und die Einbindung wurde von allen Beteiligten als konstruktiv empfunden. Wir waren uns einig, dass die Zukunft des Unternehmens vor allem in der Anpassung des organisatorischen Aufbaus zu suchen war. Es galt daher, mutig und mit Augenmaß zusammen mit dem Betriebsrat einen neuen Weg zu beschreiten. Die Zusammenarbeit mit dem Betriebsrat ist daher als Erfolgsfaktor zu bezeichnen und startete mit einem Vorlauf von ca. einem Jahr bis zum Abschluss von Betriebsvereinbarungen im April 2018.

Die Vereinbarung mit dem Betriebsrat zum mobilen Arbeiten beinhaltet folgende Grundlagen für die künftige Zusammenarbeit im Unternehmen:

- Das mobile Arbeiten soll jedem Mitarbeiter ermöglichen, die geschuldete Arbeitsleistung bei entsprechender Eignung von einem mobilen Arbeitsplatz aus zu erbringen.[99] Diese Eignung wird durch den Vor-

---

[99] Martin Kistermann, Higher Level für Unternehmen, Recht 2030, Martin Schulz/Anette Schunder-Hartung (Hrsg.), Recht 2030, Frankfurt a. M. 2019, S. 213, Rn 35.

gesetzten geprüft und festgestellt. Dabei geht es um die Beurteilung, ob die Tätigkeiten durch den Mitarbeiter eigenständig und auch bei eingeschränktem unmittelbaren Kontakt zum Betrieb erledigt werden kann.
- Einschränkend ist zu beachten, dass der Mitarbeiter nur mobil arbeiten kann, wenn dadurch keine negativen Beeinträchtigungen des Betriebsablaufes entstehen.
- Mobiles Arbeiten setzt demnach eine hohe Vertrauenskultur und verantwortungsbewusstes Handeln von Mitarbeiter und Führungskraft voraus. Es bedarf eines regelmäßigen Austauschs, ob das Mittel des mobilen Arbeitens dem verfolgten Zweck dient und die gesteckten Ziele erreicht werden. Die Gespräche dazu werden als so genannte Leistungsdialoge geführt.
- Selbstdisziplin, Selbststeuerung und Selbstmotivation sowie die Fähigkeit der Beziehungspflege sind für das mobile Arbeiten erforderliche Mitarbeitereigenschaften.[100]

Der Transformationsprozess, der sich daraus für das gesamte Unternehmen ergab, wurde in einer eigenen Betriebsvereinbarung beschrieben und niedergelegt. Dabei ging es darum, die Veränderungsdynamik (Resultate aus den Herausforderungen des Marktes, Anforderungen der Digitalisierung, steigender Wettbewerbs- und Ergebnisdruck, Notwendigkeit innovative Produkte und Geschäftsmodelle zu entwickeln, Optimierung des Kerngeschäftes im Unternehmen) gemeinsam mit dem Mitbestimmungsgremium und den Arbeitnehmern zu gestalten. Die in der Betriebsvereinbarung getroffenen Maßnahmen umfassten das Etablieren eines neuen Steuerungssystems, neue Arbeitsmethoden, ein Zielbild der Organisation, welches sukzessive erreicht werden soll, sowie Fortbildungs- bzw. Weiterbildungsmaßnahmen.[101]

Das Spannende und Herausfordernde zugleich war, dass sich Betriebsrat und Unternehmensführung darauf verständigten, sich durch diese Transformation auf einen längerfristigen Entwicklungsprozess einzulas-

---
[100] Martin Kistermann, Higher Level für Unternehmen, Recht 2030, Martin Schulz/Anette Schunder-Hartung (Hrsg.), Recht 2030, Frankfurt a. M. 2019, S. 213, Rn 37.
[101] M. Kistermann, Higher Level für Unternehmen, Recht 2030, Martin Schulz/Anette Schunder-Hartung (Hrsg.), Recht 2030, Frankfurt a. M. 2019, S. 214, Rn 39.

sen. Es sollte ausreichend Spielraum geschaffen werden, damit unter Wahrung der Rechte und Pflichten des Betriebsrats möglichst hohe Flexibilität und Transparenz für beide Seiten geschaffen wird. Der Mitarbeiter bekam die Möglichkeit eingeräumt sich neuen Aufgaben zu widmen, um den weiteren Verlauf seiner beruflichen Entwicklung maßgeblich mit zu bestimmen und sich gemäß der eigenen Interessen einbringen zu können.

Mitarbeiter sollten zügig von einem Team zum anderen wechseln können, aber maximal in zwei Teams gleichzeitig eingesetzt werden. Dazu wurden alle Mitarbeiter aus der alten Organisation zunächst sogenannten Units zugeordnet. Die Zuordnung wurde initial allen Mitarbeitern schriftlich mitgeteilt. Alle späteren Zuordnungen wurden durch eine quartalsweise aktualisierte Zuordnungsliste dem Betriebsrat bekannt gemacht. Hierfür gibt es ein festgelegtes Informations- und Beratungsprozedere mit dem Betriebsrat. Da zeitgleich ein neues Steuerungssystem nach Objectives and Key Results (OKR) quartalsweise neue Teamzusammensetzungen erforderlich machen sollte, gingen wir anfangs von hohen Flexibilitätsanforderungen an die Mitarbeiter aus.

Die Erfahrung zeigt jedoch, dass der größte Aufwand mit der ersten Zuordnung aus der bestehenden Organisation in eine agile Welt einhergeht. Die für spätere Zeitpunkte angenommene Flexibilität war nicht in dem Maß erforderlich, wie wir es annahmen. So wurde kein festes Zielbild für die Organisation vorgegeben. Es wurden Teams und innerhalb dieser Teams neue Rollen kreiert, die die bestehenden hierarchischen Funktionen ablösten.[102]

Gemeinsames Verständnis war, dass diese Rollen mit Hilfe eines in der Betriebsvereinbarung festgelegten Programms gemeinsam von Arbeitgeber und Arbeitnehmern entwickelt werden sollten. Die eingesetzten Arbeitsweisen und Arbeitsmethoden wurden gerade nicht im Vorhinein definiert. Die in der Betriebsvereinbarung geregelten Rahmenbedingungen umfassten die Maßnahmen, die zunächst für einen Zeitraum von 12–18 Monaten angedacht waren.[103] Die getroffenen Maßnahmen un-

---

[102] M. Kistermann, Higher Level für Unternehmen, Recht 2030, Martin Schulz/Anette Schunder-Hartung (Hrsg.), Recht 2030, Frankfurt a. M. 2019, S. 215, Rn 41.
[103] M. Kistermann, Higher Level für Unternehmen, Recht 2030, Martin Schulz/Anette Schunder-Hartung (Hrsg.), Recht 2030, Frankfurt a. M. 2019, S. 214, Rn 40.

terlagen einem laufenden Monitoring, so dass quasi jederzeit bei nicht gewünschten Entwicklungen eingegriffen werden konnte.

Bei Manuskriptschluss waren nun rund zwei Jahre seit Abschluss der Betriebsvereinbarung vergangen, und erst jetzt haben sich die Parteien dazu entschlossen, die vereinbarten Regelungen zu überprüfen und bei Bedarf zu überarbeiten, Dabei gab es keine nennenswerten Störungen bei der Anwendung der Betriebsvereinbarung. Da es sich um einen derzeit laufenden Prozess handelt, kann zum Ergebnis noch nichts Abschließendes berichtet werden. Es zeichnet sich jedoch ab, dass die Anpassungserfordernisse eher gering ausfallen werden.

### 2.2.5 Folgen für Führungskräfte und Management

Das agile Konzept ist im Wege einer Organisationsänderung durch zwei Betriebsvereinbarungen im Unternehmen eingeführt worden. Fraglich ist, welche Rollen die bisherigen Führungskräfte übernehmen oder welche Kompetenzen nunmehr im Vordergrund stehen. Finden die bisherigen Führungskräfte womöglich keine Einsatzgebiete mehr, oder können sie sich mit ihren Kompetenzen in die agile Welt einbringen und anderen Mitarbeitern, die für die neu definierten Rollen in Frage kommen, erfolgreich Paroli bieten? Zur Klärung dieser Frage wollen wir einen genaueren Blick auf die Aufgaben von Führungskräften werfen.

Eines der Grundprobleme hierarchisch geprägter Unternehmen lässt sich wie folgt beschreiben: Unternehmen, die sich bisher auf klar strukturierte Über-/Unterordnungsverhältnisse gestützt hatten, konnten sich im Wege der Verteilung von Zuständigkeiten immer relativ sicher sein, den einen Verantwortlichen für eine Entscheidung oder ein Tun ausfindig zu machen. Die Antwort auf die Zuständigkeitsfrage führte häufig dazu, dass eben auch weitere Stellen im Unternehmen angefragt werden mussten, bevor eine Entscheidung gefällt wurde.

Das hatte zur Folge, dass die Komplexität von Entscheidungsfindungen umfangreich sein konnte. Dies wiederum führte zu zeitlichen Verzögerungen und, sollte die eigene Entscheidung zum Sachverhalt nicht ausreichend passend sein oder womöglich in der Folge von der absegnenden Hierarchie nicht mitgetragen werden, musste der Sachverhalt in einer Variante angefragt werden.

Unter Umständen konnte sich dieser hier stark verkürzte Ablauf mehrfach wiederholen. Neben dem hohen Risiko der Ermüdung der mit gleichen Entscheidungsmomenten belasteten Entscheidungsträger konnte das „Ergebnis" auch sein, dass Entscheidungsvarianten gar nicht mehr entwickelt und daher auch nicht mehr weitergereicht wurden. Daher ist so manche Entscheidung einfach nicht getroffen worden. In der Folge: vergeudete Ressource, Lähmung des Prozesses.

Unserer Erfahrung nach wirkt sich eine streng hierarchische Führungsstruktur im Vergleich zu einer agilen Organisation in Summe verlangsamend, wenig entschieden oder gar zögerlich aus. Entscheidungen sind ein gutes Stück intransparent, der Aufwand, einen neuen Anlauf für die Sache zu unternehmen, ist abhängig von den persönlichen Eigenschaften des faktisch Gescheiterten und daher zumindest stimmungsverschlechternd, wenn nicht motivationsbehindernd. Es besteht die Gefahr, dass ein Unternehmen langfristig viele Möglichkeiten unerkannt oder unbeachtet lässt, da sich in der so geprägten Unternehmenskultur eine geänderte Vorgehensweise gegen fest verwurzelte Widerstände durchsetzen müsste. Realität ist das meist nicht.

Dabei ist einmal mehr auf eine ebenso banale wie wichtige Tatsache hinzuweisen: Ein agiles Konzept geht ebenso wie Digitalisierungsbemühungen in einem Unternehmen immer von den handelnden Menschen aus. Diese Menschen sind zuerst einmal im Unternehmen vorhanden, denn wir befinden uns in aller Regel nicht in einem Experimentierumfeld oder auf der grünen Wiese. Änderungen sollen im laufenden Unternehmensbetrieb nicht nur umgesetzt, sondern auch zum Erfolg geführt werden. Alles Agile beginnt ebenso wie alles Digitale in einem analogen Umfeld.[104]

Agilität und auch Digitalisierung sind mit anderen Worten nicht nur die Einführung von Systemen und technischen Neuerungen, sondern beginnen und enden nach erfolgreicher Umsetzung mit bzw. bei den Menschen. Da diese Personen zumindest in großer Anzahl die gleichen sind, die am Anfang die Initiative mitgetragen haben (oder mittragen mussten), ist damit deutlich, dass es ohne diese Menschen nicht geht.

Würden bestehende Prozesse durch die Anwendung von digitalen Technologien oder in einem agilen Umfeld verbessert, würde es sich um

---

[104] Vgl. Reinhard K. Sprenger, Radikal Digital, München 2018, 9.

eine weitere Ausbaustufe des Bestehenden handeln. Das kann erstrebenswert sein, sollten kontinuierliche Verbesserungsprozesse (KVP) bisher nicht ausreichend die Effizienzpotenziale gehoben haben.[105] Fraglich ist jedoch: Ist das ausreichend?

Einstmals angetreten war man ja mit der Idee, durch kreative Innovationen nicht nur das bestehende Geschäftsmodell weiter zu entwickeln, sondern neue Geschäftsmodelle zu entwerfen. Dabei sollte der Kunde den entscheidenden Input liefern. Also kann es nicht darum gehen, die kundenorientierte Denkweise der vergangenen Jahre einfach weiterzuspinnen. Vielmehr ist das gesamte Unternehmen vom Kunden her zu denken.

Digitalisierung bedeutet zuerst, neue Daten zu generieren und diese Daten lesbar zu machen. In der Folge sind Daten zu verbinden, um neue Erkenntnisse zu generieren. Dieser Erkenntnisgewinn ist jedoch technisch nicht darstellbar. Die menschliche Kreativität ist gefragt, um die technisch gewonnenen Erkenntnisse in neue Dienstleistungsprodukte bzw. neue Geschäftsmodelle zu transformieren.

Diese Kreativität kann wiederum nicht von der Technik übernommen werden. Und zu guter Letzt muss die Kooperation gestärkt und den neuen Anforderungen angepasst werden. Das bedeutet, wo bisher Einzelwissen vorherrschte, meist hierarchisch gesteuert und zusammengeführt, gelten nun neue Regeln. Dabei sind Selbstverantwortung und Selbstdisziplin erforderlich. Die Zusammenarbeit erfolgt funktionsübergreifend, geordnet nach zugeordneten Rollen. Das wiederum sind Rollen *innerhalb und außerhalb* des Unternehmens, und so auch im Zusammenspiel mit externen Dienstleistern.

### 2.2.6 Die Führungskraft in der Transformation

Das bisherige Führungsverständnis, das durch die wirtschaftliche Entwicklung der letzten Jahrzehnte geprägt worden ist, muss sich einem fundamentalen Verständniswechsel unterziehen: einem Paradigmenwechsel. Bisher waren räumliche und zeitliche Zusammenarbeit, die Steuerung

---

[105] Siehe zur Methodik für einen digitalen Verbesserungsprozess im betrieblichen KVP mit bemerkenswerten Ansätzen auch die 2019 von Jens Hambach an der TU Darmstadt vorgelegte gleichnamige Dissertation, abrufbar unter https://tuprints.ulb.tu-darmstadt.de/9170/7/Dissertation%20Jens%20Hambach%20Digitaler%20KVP.pdf, abgerufen am 26.08.2020.

von Unternehmen oder Teilen davon über Kennzahlen, sogenannte Key Performance Indikatoren (KPI)[106] wichtig. Die Finanzkennzahlen standen hierbei im Vordergrund. Ferner waren kurz- und mittelfristige Planungszyklen und die effiziente Umsetzung aller möglichen Optimierungen, häufig im Wege kontinuierlicher Verbesserung, opportun.[107]

Mitarbeiter waren mehr oder weniger Erfüllungsgehilfen zur Ausführung anfallender Arbeiten, die früher oder später auf dem Hochaltar der Effizienzsteigerung geopfert wurden. Dies geschah entweder mit öffentlicher Wahrnehmung oder eben nicht. Führungskräfte waren bisher Umsetzer der vorgegeben Organisationsstruktur.

Das Verhalten und die Einstellung von einzelnen Mitarbeitern wurden von den Führungskräften in den Fokus genommen.[108] Sind die richtigen Mitarbeiter an Bord? Was ist zu tun, um diese möglichst schnell in die richtige Richtung zu entwickeln und was soll die richtige Richtung sein? Die Erkenntnis, dass das System der Organisation den einzelnen Mitarbeiter prägt und nicht umgekehrt, blieb auf der Strecke. Keine Organisation wartet auf einen neuen Mitarbeiter, um sich diesem anzupassen oder einfacher gesagt: Der neue Schüler ist immer zuerst einmal der Neue.

Für die Belegschaft bedeutet das: An welcher Stelle und in welchem Umfeld hätte ein Mitarbeiter sich je nach seinen eigenen Stärken selbst entfalten können, ohne dabei womöglich mittelfristig seine Existenz aufs Spiel zu setzen? Mitarbeiter müssen mitwachsen dürfen. Das ist umso wichtiger, als die Dynamik der weiteren Organisationsentwicklung vehement zunimmt.

Zuvor[109] haben wir es schon angesprochen: Wir alle leben in einer Umgebung, die geprägt ist von Volatilität, Unsicherheit, Komplexität und Ambiguität.[110] In dieser VUKA-Welt versuchen wir mit den althergebrachten Methoden, die Herausforderungen der Zukunft zu meistern. Das kann nicht wirklich gut gehen. Entsprechend viele Unternehmen

---

[106] S. hierzu als Einführung https://wirtschaftslexikon.gabler.de/definition/key-performance-indicator-kpi-52670, abgerufen am 26.08.2020.
[107] Reinhard K. Sprenger, Radikal Digital, München 2018, 18.
[108] Reinhard K. Sprenger, Radikal Digital, München 2018, 14.
[109] S. hierzu unter Abschn. 2.1.3.
[110] S. hierzu eingehender Christophe Braun/Udo Krauß, Agile Power Guide, Düsseldorf 2019, 14 ff. m. w. N.

sehen sich mit der Frage konfrontiert, welches Maß an Agilität und digitaler Technik gut und vertretbar ist, ohne die Organisation zu beschädigen.

Vielleicht hilft es, über Folgendes nachzudenken: Immer dort, wo Menschen aufeinandertreffen, entsteht Kultur. Wie darf sich diese Kultur entwickeln, bei der sich die Potenziale aller Mitwirkenden, Mitarbeiter wie Führungskräfte, ausleben und entfalten dürfen? Was findet Berücksichtigung? Welche Bedürfnisse binden die Menschen in Gruppen, die in einem Unternehmen zusammenarbeiten?

Folgende Impulse möchten wir Ihnen dazu stichwortartig nennen:

- Vom „Ich" zum „Wir" (Hierarchieabbau),
- von der „Anweisung" zur „Selbstverantwortung",
- vom „Mitspracherecht" zur „Mitsprachepflicht" und
- „Ausprobieren" statt „Fehlervermeidung".

Und so viel in die digitale Technik investiert wird, das Personal ist bisher nicht in dem Maße mitgewachsen. Das wiederrum bedeutet: es konnte sich nicht mitentwickeln, wie es erforderlich gewesen wäre. Daher ist jetzt die Investition in Mitarbeiter notwendig, soweit das nicht schon erkannt und in Angriff genommen wurde.

Wird die Investition nicht vorgenommen, wird die Technik eine Optimierung im Sinne einer bloßen Effizienzsteigerung bleiben – das genügt aber nicht.[111] Der Quantensprung in die digitale Welt wird so aber verpasst. Es ist wichtig, sich mit beiden Aspekten zu beschäftigen und sie als Herausforderung der Zeit anzunehmen. Digitalisierung wird sich nicht zurückdrehen lassen. Eine agile Unternehmenswelt ist gleichzeitig wie geschaffen, die Potenziale der Digitalisierung anzugehen.

Die Leitfragen sind vor diesem Hintergrund:

- Haben wir die richtigen Strukturen?
- Sind wir so aufgestellt, dass wir schnell neue Geschäftsmodelle aufbauen können, die mit der digitalen Welt kompatibel sind?

---

[111] S. zur Unterscheidung zwischen Effizienz und Effektivität in Abschn. 2.1.3.

Die Rolle der Führungskraft verändert sich grundlegend. Aus den technischen Möglichkeiten ergeben sich neue Ansätze, die mit dem Personal verbunden werden müssen. Das bedeutet insbesondere, Neues mit Altem zusammenzubringen. Die neue Komplexität ist aber „am offenen Herzen" zu bewerkstelligen. Das heißt, sie ist inmitten des täglichen operativen Geschäfts in einem laufenden Unternehmen so zu verwirklichen, dass das Unternehmen seine Finanzkraft behält, um das Neue und die Organisationsveränderung zu finanzieren.

Das Geschick der Führungskräfte muss darauf abzielen, bei Schaffung des Zukunftsfähigen das Etablierte nicht zusammenbrechen zu lassen. Das bedeutet, dass Führungskräfte über ausgewiesene Fähigkeiten als Coach verfügen sollten.[112] Das macht den Menschen mit seiner Kreativität einzigartig im Unternehmen und im Übrigen unersetzlich. Damit ist mit einfachen Worten die Aufgabe umrissen, die keine Maschine leisten kann.

Insofern wird auch deutlich, was durch Menschen geschaffen werden muss und was durch Digitalisierung angeschoben und zeitnah hoch beschleunigt wird. Von Führungskräften wird viel abverlangt werden. Die Covid-19-Pandemie hat vielen Unternehmen eine Vorahnung von dem gegeben, welche Rahmenbedingungen womöglich ein künftiger Arbeitsalltag prägen wird.

Eine weitere Anmerkungan dieser Stelle noch: Durch Digitalisierung werden Unmengen von Daten generiert. Die Aggregation ist der erste Schritt. Im zweiten Schritt ist Wichtiges von Unwichtigem zu trennen, dies richtig in Beziehung zu setzen und demnach den Daten Bedeutung zu geben. Die Daten richtig lesen zu können, ist eine zwingende Voraussetzung, um im digitalen Zeitalter zu bestehen. Damit ist Urteilskraft gemeint.[113]

Führungskräfte, die die Denkweise verstanden haben, werden Unternehmen in die richtige Richtung führen, wenn die Kultur sie denn lässt. Oder sind es die Mitarbeiter? Wer erkennt es, und wie muss der Raum geschaffen sein, damit sich diese Form der Kreativität entfalten kann? Das zielt wiederum auf die in unserem Buch bereits mehrfach aufgeworfene Kulturfrage ab. Sie sehen, wie zentral diese Frage ist!

---

[112] Vertiefend: John Whitmore, Coaching für die Praxis, 1. Auflage der neu überarbeiteten und erweiterten 3. Ausgabe Köln 2006, 27 ff.
[113] Reinhard K. Sprenger, Radikal Digital, München 2018, 31.

## 2.2.7 Wie verändert sich die Personalauswahl

Unabhängig davon, ob neues Personal rekrutiert werden kann oder die bestehenden Ressourcen genutzt werden, muss es einen entschiedenen Ruck in Richtung Kooperation im Unternehmen geben. Vom „Ich" zum „Wir" lautet die wesentliche Aussage. Dieser Ruck muss von jedem einzelnen Mitarbeiter getragen werden.

Grundsätzlich arbeitete bisher jedes Individuum, um seinen Lebensunterhalt zu bestreiten und optimierte sich daher zuerst einmal selbst. Allerdings sind alle Mitarbeiter, die in Unternehmen arbeiten, nicht nur auf sich allein gestellt. Bisher waren Aspekte wie Teamfähigkeit und soziale Intelligenz ja auch schon Inhalte, die in vielen Vorstellungsgesprächen angesprochen wurden. Wie oben dargestellt, setzen Agilität und Digitalisierung die Verbindung von allem und die intensive Kommunikation voraus.

Vor diesem Hintergrund ist eine Haltung erforderlich, die die wechselseitigen Abhängigkeiten in den Fokus rückt und es eben nicht ermöglicht, in Ruhe ausschließlich „das eigene Ding" zu machen. Es geht nichts unabhängig davon, was bei anderen Kollegen läuft. Diese Haltung, die innere Einstellung zu Aufgaben muss als *das* verbindende Element erkennbar gemacht werden. Zusammenarbeit ist entsprechend neu zu definieren, das gegenseitige Unterstützen ist in den Vordergrund zu stellen. Rahmenbedingungen oder „Leitplanken", in denen diese Zusammenarbeit stattfinden soll, sind zu vereinbaren. Das Ganze hat richtigerweise mit der erforderlichen Erklärung vonstatten zu gehen, die für alle nachvollziehbar und dadurch akzeptabel ist.[114]

Daraus leitet sich eine weitere, aber richtungsweisende Fragestellung ab: Kann eine Arbeitsteilung, wie wir sie aus so ziemlich allen Organigrammen der letzten Jahre kennen, fortbestehen? Schon in analogen Zeiten musste die Führung die Zusammenarbeit organisieren. Das galt umso mehr, wenn sie sich nicht von selbst ergab. Moderne Führung besteht ferner darin, das Unlösbare einer Entscheidung zuzuführen. Demnach ist

---
[114] Reinhard K. Sprenger, Radikal Digital, München 2018, 105 f.

eine gute Führungskraft die, die ein Umfeld zu schaffen weiß, in dem sich Entscheidungen leicht einen Weg bahnen können.[115]

Spezialisierung des einzelnen Mitarbeiters, die individuelle Leistungszurechnung beispielsweise über individuelle Zielvereinbarungen, die Arbeitsteilung und damit die Organisation eines Unternehmens in Zuständigkeiten (Säulen) sind Ergebnisse der modernen Organisation. Hinzu kommt die Hybris einzelner Manager, die dazu führt, sich immer wieder mit Dingen zu befassen, die gar nicht ihre Aufmerksamkeit auf sich ziehen müssen.[116] Eine gute Zusammenarbeit kann sich häufig auch durch das gezielte Weglassen von Einmischung ergeben. Damit ist gemeint, dass Führungskräfte sich gerne zurücknehmen dürfen, um dadurch Freiräume für das Tätigwerden von Mitarbeitern zu ermöglichen.

Die Sorge hierarchisch geprägter Führungskräfte. Bedeutung einzubüßen, ist nun durchaus berechtigt. Agile Methoden und Digitalisierung verschaffen jedem Mitarbeiter Zugang zu Informationen. Diese waren in der „alten Welt" zwar verfügbar aber nicht unbedingt jedem Mitarbeiter zugänglich. Damit wird eine von vielen Führungskräften gerne wahrgenommene Funktion stark beschnitten. Herrschaftswissen und der selektive Umgang damit entfallen als Führungsinstrument.

An diese Feststellung lässt sich folgendes anknüpfen: Führungskräfte verlieren an Bedeutung. Wenige Führungskräfte nehmen die Führungsverantwortung wahr und konzentrieren sich auf die Themen, die wirklich für Führungskräfte wichtig sind und von ihnen entschieden werden müssen. In der Folge muss eine moderne Führungskraft Risiken der Entscheidung einer nicht eindeutig entscheidbaren Situation übernehmen. Diese Risiken können nicht von Mitarbeitern getragen werden – auch wenn heute Mitarbeiter gut ausgebildet sind und selbstbewusst auftreten.

Eine gute Führungskraft vertraut ihren Mitarbeitern, übergibt viel Entscheidungsspielraum an diese und ermöglicht so, den Rahmen der Selbstorganisation zu stecken. Sich zurückzunehmen ist das Gebot der Stunde, aber auch gleichzeitig präsent zu sein, wenn erforderlich. Mitarbeiter müssen den Spielraum erkennen, annehmen und ausfüllen. Das reduziert im Ergebnis die Anzahl der Führungskräfte im Unternehmen.

---

[115] Reinhard K. Sprenger, Mythos Motivation, 19. Aufl. Frankfurt 2010, 224 ff.
[116] Reinhard K. Sprenger, Radikal Digital, München 2018, 132.

Ferner müssen jüngere und ältere Mitarbeiter so miteinander umzugehen lernen, dass der Erfahrungsschatz der Älteren mit der Dynamik der Agilität und der Technik der Digitalisierung wie sie eher von jüngeren Mitarbeitern gelebt wird, in Einklang kommen und verbunden werden kann. In herkömmlich strukturierten Unternehmen werden Führungspositionen häufig von älteren Mitarbeitern besetzt. Jüngere gut ausgebildete Mitarbeiter bringen neues Wissen, insbesondere technisches Wissen mit. Erfahrungswerte kollidieren mit technischen Neuerungen.

Doch muss das zu Gegensätzen und Spannungen führen? Wie Vertrauen zwischen Führungskraft und Mitarbeitern gefördert werden kann und welcher Voraussetzungen es dazu bedarf, haben wir oben beschrieben. In gleichem Maße sind kommunikative Bedürfnisse zu betrachten. Diesem technischen und erfahrungsbasierten Generationenkonflikt kann nur mit einer urmenschlichen Leistung beigekommen werden: *Kommunikation ist alles.* Ältere müssen sich darauf einlassen und die Freiräume geben. Insoweit führt das Recht zur Mitsprache zur Pflicht aller zur Beteiligung.[117]

In Verbindung mit den geschaffenen Freiräumen kommt es darauf an die richtigen Mitarbeiter zu finden oder zu entwickeln. Welche Kompetenzen sind in einer agilen Unternehmensumgebung erforderlich? Gibt es besondere Ausprägungen, auf die zu achten es wert wäre? Das alles müssen Sie miteinander aushandeln.

## 2.3 Multimedial kommunizieren

In den beiden vorangegangenen Abschnitten haben wir es schon erörtert: Gehör zu finden ist ebenso voraussetzungsvoll[118] wie Kommunikation das A und O moderner Unternehmensführung ist.[119] Das gilt nicht nur unternehmensintern – auch auf dem Weg nach draußen gelten entsprechende Gesetzmäßigkeiten. Auch insoweit ist gute Kommunikation zum einen komplex – und zum anderen essenziell für Sie als erfolgreichen

---

[117] Reinhard K. Sprenger, Radikal Digital, München 2018, S. 65 f.
[118] S. Abschn. 2.1.1.
[119] S. Abschn. 2.2.7.

Dienstleister. Hier kommt nun in besonderer Weise das „M" von SAM ins Spiel: Moderne (Außen-)kommunikation verläuft multimedial.

### 2.3.1 Vom Printmedienmonopol ins Digitalzeitalter

Es war ein beachtlicher Weg vom postalischen Briefwechsel und dem Printmedienmonopol über Telex und Telefax hin zu E-Mail, Internet und optischen Speichermedien. Analoge ist um digitale Kommunikation erweitert, teilweise durch sie ersetzt worden. Wo früher die Datenübertragung von einem charakteristischen Pfeifen und Piepsen begleitet war, rasen heute optisch brillante Videos in beeindruckender Tonqualität global und in Echtzeit durch die digitalen Leitungen.

Dank flächendeckender, hoher Bandbreiten reüssieren Formate mit unvorstellbaren Datenmengen. Digitale Informationen, die auf vielfältigen Kommunikationskanälen weltweit nie da gewesene Möglichkeiten bieten, halten neben entsprechenden Chancen aber auch besondere Herausforderungen bereit. Eine derartige Kommunikationslandschaft ist zunehmend schwierig zu durchschauen, und sie wirft eine Vielzahl von Fragen neu auf. Allem voran: Wie erreichen wir welche Zielgruppen über welche Medien mit welcher Überzeugungskraft?

Interessierte begegnen einer Palette von Publikationsmöglichkeiten in Presse, Print, Internet, Radio, TV, Social-Media, Blogs, Video, Audio, Podcast, E-Books und Co. An die Stelle eines Informationsbeschaffungsproblems ist ein Überfluss- und Auswahlproblem getreten. Dabei ist gerade im Bereich der Corporate Podcasts das „Storytelling am akustischen Lagerfeuer" ein Tool, das unserer Erfahrung nach für Unternehmen sehr lohnend sein kann – hier wartet einiges Potenzial auf Entwicklung. (Ein guter Einstieg hierzu ist Das Podcast-Buch von Doris Hammerschmidt, Freiburg 2020. Dazu erscheint demnächst eine Rezension von Dr. Anette Schunder-Hartung im führenden juristischen beck-blog unter https://kanzleiforum.beck-shop.de/)

Die rasante Entwicklung dieser Medienlandschaft vollzog sich in nicht einmal einer Generation und zwingt Unternehmen zum konstanten Überdenken der eigenen Kommunikationswege. Mit der Etablierung der neuen digitalen Medien und Endgeräte hat nun auch das Konsumverhalten einen deutlichen Wandel erfahren; diesen Anforderungen gilt es sich richtig und rechtzeitig zu stellen. Unter soziodemografischen Überlegungen muss man diese Plattformen mit ihren Besonderheiten der Kommunikation kennen und ihnen mit all ihren medialen Gesetzmäßigkeiten Rechnung tragen. Nur so lassen Sie sich sowohl unternehmensintern als auch extern passend einsetzen und miteinander vernetzen.

Das gilt umso mehr, als neben den wachsenden digitalen Medien auch die traditionellen Printmedien ihre Daseinsberechtigung behalten haben. Letztere lassen sich auch z.B. durch QR-Codes oder die Einbeziehung von Augmented Reality-Instrumenten strategisch miteinander vernetzen. In den Hochzeiten der Covid-19-Pandemie wurden Gästen so u. a. Speisekarten kontaktlos via QR-Code-Scan zur Verfügung gestellt. Durch diese und weitere Initiativen erleben auch diese klassischen Medien eine Renaissance und schaffen den Brückenschlag zwischen beiden Medientypen und ihren jeweiligen Zielgruppen.

### 2.3.2 Contententwicklung vor Ort

Eines haben sodann alle Medien in der Unternehmenskommunikation gemeinsam. Sie basieren auf der analytischen Ansprache von Zielgruppen über ein passendes Storytelling. Ihnen liegt ein Narrativ zu Grunde, eine Erzählmethode, die Wissen in Form von Leitmotiven, Symbolen, Metaphern oder mit anderen Mitteln der Rhetorik weitergibt.[120]

Im Zuge dessen muss das, was an Informationen transportiert werden soll – der „Content" – aufbereitet werden, und zwar auf allen VAKOG-Kanälen. Im Rahmen des Repräsentationssystems als Teil der zentralen Steuerprogramme menschlicher Reizwahrnehmung und Verarbeitung steht dabei V für visuell (durch Sichtbares), A für auditiv (durch Hörbares), K für kinästhetisch (durch Berührbares), O für olfaktorisch (durch Erschnupperbares) und G für gustatorisch, also den Geschmackssinn.[121]

Stets geht es dabei um die Präsentation von Themenlandschaften, in denen sich Zielgruppen in ihrer Sprache mit ihren Wünschen, Neigungen

---

[120] S. zur Storytelling-Methode grundlegend das ebenfalls bei SpringerGabler erschienene Buch von Anja Fordon, Wiesbaden 2018.
[121] S. hierzu bereits Anette Schunder-Hartung, Erfolgsfaktor Kanzleiidentität, Wiesbaden 2020, 29.

oder Bedürfnissen wiederfinden. Dabei gilt es stets, die eigenen Alleinstellungsmerkmale mit Anspruch und Wertschätzung zu kommunizieren.

**Ganz reale Foren**
Egal, ob in der Dienstleistung oder im Handel – in Zeiten des zunehmend digitalen Konsums fragen sich auch die Dienstleister vor Ort, wie und wo sich diese heute sinnvoll positionieren, präsentieren und in die Kommunikation einklinken sollen, um wettbewerbsfähig zu bleiben. Für den Freiberufler gilt insoweit prinzipiell nichts anderes als für den Gewerbetreibenden, für die Restaurantkette das Gleiche wie für das Ladengeschäft: Wenn Ihnen nicht gerade die Kundschaft auf der Düsseldorfer Kö oder der Frankfurter Zeil ins Haus strömt oder in der Münchener Kaufingerstraße über die Schwelle flaniert, dann brauchen Sie ein gutes Kombinationskonzept. Das gilt in besonderem Maße, aber nicht nur mit Blick auf die oben[122] in unserer Norstat-Studie[123] gelisteten Branchen.

Nach unserer Beobachtung beschränkt sich dieses Konzept derzeit allerdings oft noch auf die physische Präsenz in Kombination mit einem mehr oder weniger austauschbaren Internetauftritt. Häufig enthält dieser Auftritt einige Geschäftsfotos, zwei, drei ein wenig angestaubte „Aktuell"-Meldungen und eine Serviceadresse. Was fehlt, ist alles, was die besondere Neugier neuer Kunden(schichten) wecken könnte.

Dabei bestehen auch abseits der bekanntesten Lagen und gerade auch in Kleinstädten oft recht gute Marketingforen, um sich zusätzliche Anregungen zu holen – etwa in Form von Arbeitskreisen für integrierte Stadtkonzepte.

Dort kommen Menschen aus allen Berufen, Gesellschaftsschichten und Interessengruppen mit ganz unterschiedlichen Interessen und Vorwissen zusammen, um ihre Kommune voran zu bringen und eine integrierte Entwicklungsarbeit zu betreiben. Zudem sind solche Orte regelmäßig Stätten der Eigeninitiative, gepaart mit Ideen und teamfähiger Kompetenz gleichermaßen. So trivial es klingen mag, so sehr ist auch daran zu erinnern: Erfolg setzt immer Unter*nehmer* voraus, keine Unter*lasser*. Hier treffen Sie auf Gleichgesinnte.

Soweit solche Foren, beispielsweise auch Gründerzentren, eine Rolle spielen, sollten diese allerdings keine Einrichtungen sein, die man schlicht

---

[122] S, hierzu unter Abschn. 1.2.
[123] Im Anhang.

betritt, austestet und denen man dann wieder den Rücken kehrt. Das bringt wenig. Stattdessen sollten alle Interessierten schon vorab ein Geschäftsmodell ausarbeiten und vorstellen müssen, Sie sollten[124] eine Selbstklärung hinter sich haben und die wesentlichen Kernfragen entsprechend schon an diesem Punkt beantworten können:

- Wofür stehe ich?
- Welche Dienste leiste ich?
- Womit unterscheide ich mich von anderen Anbietern?
- Wer ist und …
- … wo befindet sich meine Zielgruppe?
- Wie erreiche ich diese?

Dabei kann es dann sehr nützlich sein, erfahrene Mentoren bzw. ein begleitendes Kompetenzteam an der Seite zu haben. Die Aufgaben dieser Helfer bestehen in der Unterstützung bei

- einer fundierten Marktanalyse,
- der Markteinführung,
- der Markenbildung,
- der Produktplatzierung,
- der Ausarbeitung von tragfähigen Businessplänen und
- einer nachhaltigen Öffentlichkeitsarbeit.

Insoweit gilt dann wiederum das *Henry Ford* zugeschriebene Sprichwort: „Wenn Sie einen Dollar in Ihr Unternehmen stecken wollen, so müssen Sie einen weiteren bereithalten, um es bekannt zu machen."[125] Selbst wenn Sie diesen Dollar – oder besser: Euro – investieren, dürfen Sie damit allerdings keine Plakate, Flyer, Werbeanzeigen, Geschäfts- und Internetauftritte produzieren (lassen), die eher eine Zielgruppe zu *suchen* als diese zu *erreichen* scheinen.

---

[124] Nach Abschn. 2.1.
[125] https://www.henry-ford.net/deutsch/zitate.html.

### Kunden sind anders

Kunden denken, sehen und sprechen nämlich anders als die Dienstleister, die sie beauftragen.[126] Die Fragen, wie es Ihnen gelingt, die entscheidenden Inhalte zu transportieren, dabei auch Ihren eigenen Anspruch sichtbar zu machen, aber auch die Begehrlichkeit Ihrer Kunden wachzuhalten, sind daher nicht eben mal so neben der eigentlichen Arbeit zu beantworten. Dieses Fragenpaket steckt voller Voraussetzungen, und es drohen Flüchtigkeitsfehler. Wenn es sie jemals gegeben hat, so sind die Zeiten, in denen ein Unternehmen mit Word-Programmen nette Plakate entwerfen und anhand rudimentärer Bordmittel mit Schriftarten und Farben versehen konnte, im Jahre 2020 Geschichte. Stattdessen erkennen Ihre Zielgruppen heute sehr schnell, was sie wirklich angeht – und was nicht.

Entsprechend gilt es bereits zu einem frühen Zeitpunkt, die richtigen Weichen zu stellen. Um Fehlinvestitionen zu vermeiden, bedarf es eines spezifischen Zielgruppenkonzepts, das für den Außenauftritt ebenso systematisch zu entwickeln ist.

### Der Nachwuchs hat spezielle (Recherche-)Bedürfnisse

Wie Sie unserer Norstat-Studie[127] entnehmen können, orientiert sich auch ihr (potenzieller) Unternehmenszuwachs auf ganz speziellem Wege: Neben der persönlichen Erkundigung bei Freunden und Bekannten spielen auf der Suche nach Erfahrungswerten virtuelle Quellen eine herausragende Rolle. So kommen Arbeitgeberbewertungsportale wie kununu kombiniert mit Erfahrungsberichten, z. B. in Internetforen, auf Suchwerte von zusammen fast 50 %, während die persönliche Erkundigung im Freundes- und Bekanntenkreis nur gut ein Viertel der Befragten als Quelle angab und Mitarbeiter des Zielunternehmens von nicht einmal 15 % in Betracht gezogen wurden.

---

[126] S. ergänzend hierzu das unter Abschn. 2.1 und 2.2. zu „guter Führung und Mitgestaltung" sowie das Eingehen auf unterschiedliche Kommunikationstypen Gesagte, im Weiteren die Ausführungen zu „Kommunikation und Präsentation". Danach tragen nicht nur die komplementären Rollen und Interessen, in der die Beteiligten einander begegnen, sondern auch ihre unterschiedlichen Persönlichkeitsstrukturen zu voneinander abweichenden Kommunikationserwartungen bei.

[127] Vgl. dazu bereits unter Abschn. 1.2 sowie die Studie selbst im Anhang.

Auf der Suche nach einem neuen Arbeitgeber ergibt sich ein ganz ähnliches Bild: Die höchsten Zustimmungswerte erzielen virtuelle Jobbörsen. Mit gehörigem Abstand folgen Unternehmens-Websites und danach erst folgen (das Business-Netzwerk und) die Freunde und Bekannten. Was bedeutet, dass Sie sich auch hier auf eine spezielle Art und Weise virtuell präsentieren sollten und nicht nur auf den üblichen Homepage-Auftritt beschränken können, wenn Sie nicht ins Hintertreffen geraten wollen.

**Die Reichweite wächst – auch die der Konkurrenz**
Zu ergänzen ist ein weiterer Aspekt: nämlich der Umstand, dass die größere virtuelle Reichweite nicht nur Ihren eigenen Aktionsradius erweitert. Auch die Zahl Ihrer potenziellen Wettbewerber steigt entsprechend an. Konkurrenten, die vormals zu weit weg gewesen wären, rücken vermehrt ins Blickfeld eigener Zielgruppen. Selbst dann, wenn Ihre Kunden letztlich doch nicht zur Konkurrenz von Kiel nach Rosenheim fahren, können sie sich auch über deren Preis-Leistungs-Spektrum informieren. Sie vergleichen Angebote, Service und weitere Elemente Ihrer Dienstleistung mit anderen. Umso mehr müssen Sie selbst als Dienstleister mit Anspruch präsent sein, und zwar, um es noch einmal zusammenfassend zu sagen:

- multimedial,
- interaktiv,
- intuitiv,
- ansprechend sowie
- in der Sprache ihrer Zielgruppe.

## 2.3.3 Profilschärfung in der Praxis

Mit anderen Worten: Es ist in jeder Beziehung unverzichtbar für Sie als Dienstleister, in der Außendarstellung Ihre Alleinstellungsmerkmale herauszuarbeiten, Ihr Markenprofil zu schärfen und zu aktualisieren. Ferner erfüllt ihr Außenauftritt das Bedürfnis vieler Kunden, mit Ihnen in Interaktion treten zu können. Und damit ist es nicht getan: Zudem möchten Sie ja auch beim Nachwuchs als attraktive Arbeitgeber punkten. Daran ändert auch eine mögliche „Einstellungsdelle" im Zuge der Covid-19-

Krise nichts. Gute Nachwuchskräfte, die Sie jetzt nicht einstellen, fehlen Ihnen nämlich für eine ausgewogene Altersstruktur in ein paar Jahren.[128]

Des Weiteren sollten Sie an Multiplikatoren wie etwa die Wirtschaftspresse denken. Auch wenn Sie es nicht gleich in eines der einschlägigen Rankings der „50 besten Mittelständler" oder „der beliebtesten Arbeitgeber bei Studenten" schaffen müssen[129] – es bedarf einer gemeinsamen Anstrengung mit Blick auf Themen und Zielgruppen.

Last but not least sollten Sie auch insoweit immer an das bereits[130] zum inhaltlichen Kernelement Kommunikation Gesagte denken: Nicht kommunizieren können Sie nach dem ersten *Watzlawick*'schen Axiom gar nicht. Also kommunizieren Sie besser gut, als dass Sie ein unstrukturiertes Bild abgeben.

**Thematische Positionierung**

Wie begegnen wir beispielsweise den uns bzw. unseren (potenziellen) Auftraggebern so wichtigen Themen Nachhaltigkeit, Umweltbewusstsein, soziales Engagement, der Energiewende oder dem Klimaschutz? Dabei handelt es sich um ein populäres Werte-Set, und zwar nicht nur objektiv. Neben allem anderen stärkt der Konsens über diese Ideale auch das Wir-Gefühl und zeugt in angenehmer Weise Verantwortungsbewusstsein. Das verbindet. Zu einer entsprechenden Annäherung verhelfen Ihnen beispielsweise die folgenden Leitfragen:

- Inwiefern ist unser eigenes Unternehmen ökologisch, gesellschaftlich oder sozial engagiert?
- An welcher Stelle achten wir bei unseren (anderen) Vertragspartnern auf ein entsprechendes Engagement?

---

[128] Siehe zur entsprechenden Personal-Strategiedebatte und dem Risiko einer Lost Generation im Zuge der Corona-Krise auf dem Anwaltsmarkt beispielhaft https://www.juve.de/nachrichten/namenundnachrichten/2020/06/personalstrategien-in-corona-zeiten-kanzleien-dosieren-nach-bedarf?view=print.

[129] Zwei aktuelle Rankingbeispiele präsentiert die WirtschaftsWoche in den Ausgaben 26/2020 vom 19.06.2020, 90 (Starke Marken – die beliebtesten 50 Marken bei Studierenden der Wirtschaftswissenschaften, Ingenieurwissenschaften, Informatik, Naturwissenschaften, Geistes- und Sozialwissenschaften) sowie 27/2020 vom 26.06.2020, 61 (Deutschlands Top 50 Familienunternehmen 2020).

[130] Oben unter Abschn. 2.1.1.

- Durch welche Innovationen stellt sich unser Unternehmen zentralen Themen der Personalentwicklung und Führung?
- Gehen wir nachhaltig auf Bedürfnisse unserer Mitarbeiter, Fach- und Führungskräfte ein?
- Wie steht es eigentlich um die allenthalben diskutierte Work-Life-Balance?
- Wirtschaften wir im Sinne einer nachhaltigen Sachbeschaffung?

**Zielgruppenuntersuchungen**
Mit Blick auf Handlung, Einstellung, Lebensstile, Interessen, Wahrnehmung, Medienkonsum, Kaufverhalten derer, die Sie ansprechen wollen, fragen Sie sich beispielsweise[131] nach

- Einstellungen,
- Wahrnehmungen,
- Lebensstilen,
- Interessen,
- Medienkonsum und
- Kaufverhalten.

Weiterführend:

- Welche demografischen Gesichtspunkte müssen in Bezug auf Motivation oder Onlineaktivitäten sowie die technische Nutzung mobiler Devices mit welchen Präferenzen berücksichtigt werden?
- Wie stark orientiert sich Ihre Zielgruppe an Image, Reputation und externen Meinungen (z. B. via Social Media)?
- Wie sehr und …
- … inwiefern hat sich Ihre Zielgruppe in den letzten drei bis fünf Jahren geändert?

Dabei gilt es mehr denn je auch demografische Gesichtspunkte zu berücksichtigen. So begegnet die kaufkraftstarke Generation 50 + heute

---

[131] S. zum systematischen Überprüfen der Ideale, Werte und Ziele Ihrer jeweiligen Zielgruppen bereits unter Abschn. 2.1.1. Insoweit gilt nichts anderes als für Ihre Analyse in eigener Sache auch!

einem Markt, der über völlig neue Kanäle oder Plattformen informiert, agiert und kommuniziert. Unsere Norstat-Studie[132] zeigt es deutlich: Während die Babyboomer noch mit dem Medium Fernsehen und seinen festen Sendezeiten aufwuchsen und gedruckte Zeitungen als das monopolistisch etablierte Informationsmedium erlebten, nutzen die Jüngeren das Fernsehen zwar auch noch mehrheitlich täglich. Anders als bei den über 30-jährigen tun sie das in der Altersgruppe bis zu 30 Jahren aber nicht zu rund 85 %, sondern nur zu knapp 65 %.

Außerdem schaut Ihr junges Zielpublikum auch nicht wie die anderen jeden Tag mindestens eine Stunde lang fern. Stattdessen greift diese Altersgruppe überwiegend auf die Mediatheken der Sendeanstalten oder Streaming-Anbieter mit ihren „Just in Time"-Angeboten zurück. Immer und von überall auf Content zugreifen zu können, hat für diese Generationen einen wesentlich höheren Stellenwert.

In der Folge zählen heute redaktionell erstellte, aufbereitete und bereitgestellte Inhalte per Videostream zum guten Ton redaktioneller Arbeit im Verlagswesen. Durch diese und weitere Maßnahmen gelingt es, Zielgruppen über neue Medienkanäle zu gewinnen und „alte" Medien neu zu beleben.

**Analysen durch Clippings, Umfragen und interaktive Aktionen**
Um in der Frage der Außenwahrnehmung ein möglichst klares, unvoreingenommenes Bild zu bekommen, bieten sich mehrere Tools an.

Zu den bekanntesten Methoden zählen Presse-Clippings. Über solche Clippings können Publikationen auf unterschiedlichen medialen Kanälen recherchiert und somit nach Kontext und Tonalität ausgewertet werden. Die Möglichkeiten von Clippings erstrecken sich heute weit über die klassischen Printmedien hinaus. Sie reichen bis hin zu Social Media-Blogs. Aber auch Meinungsumfragen oder zielgerichtet initiierte, teils multimedial platzierte interaktive Aktionen eignen sich gut dazu, Stimmungen, Wünsche und somit Erkenntnisse über Zielgruppen zu gewinnen. Hier gewonnene Einsichten stellen eine hervorragende Grundlage dar, um Mehrwerte erarbeiten und zielgruppenkonform anbieten zu können.

---

[132] Unter Abschn. 1.2 und im Anhang vorgestellt.

**Ein Wort zur Namensgebung für Gründer**
Sollten Sie währenddessen zur Gruppe der Dienstleister in der Gründungsphase gehören, möchten wir Ihnen im Rahmen Ihrer Profilschärfung noch ein paar besondere Dos und Don'ts mit auf den Weg geben.[133] Auch insoweit kann in der Außenwahrnehmung nämlich viel schiefgehen.

- Legen Sie bei der Namensgebung den Fokus auf die Interessen Ihrer potenziellen Kunden.
- Falls möglich, spielen Sie auf Wachstumsaussichten an oder ...
- ... laden Sie Ihren Namen emotional auf, ohne beschreibend tätig zu werden.
- Ein Start-Up mit unbekanntem Namensklang wirkt einzigartig, das weckt eher das Interesse von Investoren.
- Zungenbrecher schrecken umgekehrt eher ab.
- Das gleiche gilt für zu exakte Tätigkeitsbeschreibungen – ein typischer Erstgründerfehler. Das gilt gerade, wenn es zum Zeitpunkt der Gründung oder nachfolgend um die zulässige Eintragung und den Schutz eines Markennamens als Wort- oder Wort-/Bildmarke geht.
- Achten Sie bei der Namensfindung (dem „Namefinding") auf kurze, einprägsame Begriffe in Wort und Bild. Ein Ampelstopp, gefolgt von einem Sekundenblick auf eine Werbetafel, muss genügen, um Ihren Namen zu verinnerlichen.
- Auch bei der Verwendung von Gründernamen ist Vorsicht geboten: Es gibt Anhaltspunkte dafür, dass solche Firmen weniger rasch wachsen als andere. Außerdem tun Sie sich später schwerer bei einer möglichen Veräußerung.
- Schließlich denken Sie noch an Verwechslungsrisiken und ...
- ... ungeahnte Assoziationen à la Cadabra – Kadaver. Das Unternehmen gründete sich schließlich nicht unter diesem Namen, sondern als Dienstleister Amazon.

---

[133] Im Folgenden exemplarisch zusammengestellt nach Jan Guldner, Abra Kadaver, WirtschaftsWoche Nr. 28 v. 03.07.2020, 94.

> **Tipp**
> Prüfen Sie die Verwendung aller Ihrer Namensideen nicht nur frühzeitig im Netz – fragen Sie auch unabhängige Dritte danach, was sie damit assoziieren. Verabschieden Sie sich danach in agiler Art und Weise von allem, was Sie nicht unmittelbar umhaut. Prüfen Sie im Vorfeld die Namensgebung außerdem aus markenrechtlicher und territorialer Sicht. Beim Deutschen Patent- und Markenamt (DMPA), dem Amt der Europäischen Union für geistiges Eigentum (EUIPO) und bei der Weltorganisation für geistiges Eigentum, der World Intellectual Property Organization (WIPO), gibt es außerdem die Möglichkeit der kursorischen Vorab-Recherche bezüglich möglicher Kollisionsmarken in Wort- und Bild. Weiterführende Informationen dazu finden Sie unter https://www.dpma.de/marken/markenrecherche/index.html.
> Prüfen Sie ferner bitte stets, ob der angestrebte Name als Top-Level-Domain verfügbar ist. Nichts ist ärgerlicher, als wenn eine aufwändige Namensrecherche mit Markengenehmigung an einer am anderen Ende der Welt schon vergebenen Domainregistrierung für Dritte scheitert. Dergleichen haben wir in der Praxis schon mehr als einmal erlebt.

### 2.3.4 Mehrwert ins rechte Licht rücken

Wenn nach außen hin dann Ihr Sprung vom Namen zur gefragten Marke durch „Modern Branding" erfolgen soll, ist das jedoch nicht nur eine Frage des Do-how. Es ist ganz wesentlich auch eine Angelegenheit des richtigen Zeitpunkts für den Gang an die Öffentlichkeit. Dabei spielen auch Markenaspekte eine Rolle.

**Der Markenschutz**
Egal welche Innovationen, Initiativen, Neuerungen und Angebote Sie im Köcher haben – richten Sie ihr Augenmerk immer auch darauf, *wann* Sie sie kommunizieren. Überlegungen, ob die von Ihnen betriebenen Entwicklungen vielleicht sogar schutzfähig sind oder die Einführung eines tatsächlich eingetragenen und somit geschützten Markennamens rechtfertigen, haben gerade mittelständische Unternehmen oft gar nicht auf dem Schirm. Teilweise ist hier ein überhastetes Vorgehen festzustellen, welches ein gerade geschaffenes Alleinstellungsmerkmal durch verfrühte Öffentlichkeitsarbeit gleich wieder zunichtemacht – Nachahmern und Trittbrettfahrern sei „Dank".

Eine Überprüfung der geschaffenen Alleinstellungsmerkmale ist mit anderen Worten nicht nur ein PR-Thema. Auch aus juristischer – insbesondere marken- und patentrechtlicher – Sicht ist Vorsicht anzuraten. Gebrauchs- und Geschmacksmuster können ebenso eine Rolle spielen wie Designschutz.[134] Auch datenschutzrechtliche Aspekte erweisen sich regelmäßig als heikel. Zu beachten sind die Besonderheiten einer professionellen Markensprache, und zwar sowohl als Wort-, als auch Wort-Bild-Marke in allen ihren Facetten. Eingetragene, geschützte Marken genießen in einigen Zielgruppen, aber auch bei manchen Vertriebspartnern wie Online-Plattformen einen höheren Stellenwert als No-Name-Anbieter und deren Produkte. Allerdings ist das nicht durchgehend so – Sie sollten sich im Einzelfall damit auseinandersetzen.

> **Tipp**
> Erste Erklärungen und Hilfestellungen zum Thema Ideen-Schutzrechte erhalten Sie kostenfrei beim Deutschen Patent- und Markenamt unter https://www.dpma.de/.

**Die besondere Kundenansprache**
Haben Sie die rechtlichen Rahmenbedingungen geklärt, geht es darum, Mehrwerte zu schaffen und richtig zu kommunizieren. Dafür ist es im Einklang mit dem[135] zu agilen Methoden und Arbeitsweisen Gesagten ganz wesentlich, die Dienstleistung vom Endkunden her zu denken. Insoweit haben aus Sicht des Nutzers die Markenaffinität, die er mitbringt, das Image und die Reputation des Anbieters einen hohen Stellenwert. Zielgruppen möchten sich wiederfinden, daher ist das „sich Hineinversetzen" essenziell.

---

[134] S. hierzu als aktuelles Beispiel bei Manuskriptschluss den Fall „Ritter Sport", BGH v. 23.07.2020 – I ZB 42/19 und dazu statt vieler https://www.spiegel.de/wirtschaft/unternehmen/ritter-vs-milka-vor-dem-bgh-nur-ritter-sport-darf-quadratisch-sein-a-885cb1aa-4621-448e-a4cb-c1a8c10d045b: „Nur Ritter Sport darf quadratisch sein". Ein FAZ-Hintergrundartikel v. 24.07.2020,9, zur Entwicklung des Markenrechts griff daraufhin den Begriff der „metaphysische(n) Mucken" heraus.

[135] Sie unter Abschn. 2.1.4 und 2.2.

Das Herausstellen der Innovation der Dienstleistung und die Mehrwerte, die der Kunde mit der Nutzung der Dienstleistung für sich generieren kann, spielen in der Kommunikation eine zentrale Rolle. Ist das aus Sicht des Kunden nicht klar verständlich, wird es schwierig mit der Vermarktung. Dabei finden das Ansprechen und Gewinnen von Kunden(gruppen) bewusst oder unbewusst über viele Bereiche der nonverbalen, häufig neuro-linguistischen Ansprache statt. Vieles läuft über die gewählte Wort-Bild-Sprache und stellt die Einzigartigkeit der Dienstleistung eher unbewusst in den Fokus.

Neben dem eigenen Anspruch ist immer auch die Wertschätzung von Zielgruppen und sind deren Primärbedürfnisse widerzuspiegeln. Der PR- und Marketingverantwortliche für Unternehmensstrategie eines Unternehmens setzt diese Art der Kommunikation teils (produkt- oder) dienstleistungsbegleitend ein, muss das aber mit großer Umsicht tun. Hier sind Eigeninitiative und Ideenreichtum gefragt, mit denen erfolgreiche Geschäftsideen und ihre Positionierung im Markt stehen und fallen.

**Best Practice – Der Erlebnis-Barbier**
Dies wollen wir Ihnen an einem – diesmal[136] fiktiven – Praxisbeispiel verdeutlichen. Nennen wir es: der Erlebnis-Barbier.

Als Vertreter des haarigen Handwerks arbeitet unser Barbier in einem Dienstleistungssegment, das von starkem Wettbewerb und oft auch einem scharfen Preiskampf geprägt ist. In unserem Fall ist er zudem ein Herrenfriseur, der als solcher pro Kunde ohnehin weniger Umsatz macht als ein Coiffeur in der Damenwelt. Andererseits können auch Männer, wenn sie sich Haare, Augenbrauen und Bärte von Fachkräften stylen und aufeinander abstimmen lassen, eine durchaus anspruchsvolle Kundschaft darstellen. Und genau auf eine solche Klientel, die das Besondere schätzt, zielt nun der Erlebnis-Barbier. Die Schaffung zielgruppenorientierter Mehrwerte meint für ihn ganz praktisch einen guten Cognac vor oder während des Schnitts und womöglich sogar eine gute Zigarre, die im Anschluss in gediegener Club-Atmosphäre unter Gleichgesinnten genossen werden kann.

In dieser Konstellation führte ein solches Erlebnispaket schnell zu großem Kundenzuspruch.

---

[136] Im Gegensatz zu Abschn. 2.2.4.

Unser Beispiel-Barbier hatte etwas fertiggebracht, was normalerweise allenfalls den Produzenten von Edelmarken vorbehalten ist:[137] Er hatte neben seiner eigentlichen Kerntätigkeit den geschaffenen Erlebnis- und Freizeitwert in den Mittelpunkt gerückt und dadurch eine ganz neue Wertigkeitsdimension eröffnet. Wer es lieber schöngeistig haben möchte, der sei auf den Literatur-Podcast „Wortsalon Schlitz" hingewiesen, der bei einem (ehemaligen) Friseur in Frankfurt produziert wird.[138]

Richtig kommuniziert, treffen entsprechende Mehrwerte nicht selten sogar auf mediales Interesse. So schafften es solche Konzepte auch schon ins Fernsehen, in Fachmagazine und gelangten auf die redaktionellen Seiten von Zeitungen. Aber auch eigene Communities, die über ihre dortigen Erlebnisse in den sozialen Medien chatten oder bloggen, sich offen austauschen und sich gerne multimedial als Teil dieser Gemeinschaft zu erkennen geben, sind nicht zu verachten. Auf diese Weise „in" zu sein, kann eine regelrechte Nachfragewelle erzeugen.

Juristisch heißt es einmal mehr: Aufgepasst!

Im Falle des oben beschriebenen „Erlebnis-Barbiers" kann es nämlich durchaus sinnvoll sein, den Namen, unter dem das Geschäft betrieben wird, als Wort- und/oder Wort-Bild-Marke eintragen zu lassen. Das Verzeichnis der (Waren und) Dienstleistungen für diese Marke sollte nicht nur die friseurtypischen Dienstleistungen und Pflegeprodukte umfassen, sondern auch dem erweiterten Erlebnispaket Rechnung tragen, das der Barbier im Portfolio hat. Dabei könnten die genannten Spirituosen und Tabakwaren in das Verzeichnis der Waren und Dienstleistungen aufgenommen werden, ebenso wie Gastronomie-Dienstleistungen, auch wenn der Erlebnis-Barbier natürlich nicht im engeren Sinne ein Restaurant oder eine Kneipe betreibt.

Würden nämlich in seiner Nähe unter seinem oder einen ähnlichen Namen ein Spirituosenhandel, ein Tabakladen oder eine Bar eröffnet, würde das zu einer Markenverwässerung und letztlich zu einem Imageschaden für unseren Dienstleister führen. Dem sollte vorgebeugt werden. Das probate Mittel hierzu ist eine Markenanmeldung mit entsprechend erweitertem Waren- und Dienstleistungsverzeichnis.

---

[137] Ein Klassiker des Erwerbs eines Life Styles, für den Sie – quasi nebenbei – noch das zugehörige Hochpreisprodukt erwerben müssen, ist der Kauf einer „Harley", siehe hierzu als Website https://www.harley-davidson.com/de/de/index.html.

[138] S. hierzu beispielhaft https://wortsalonschlitz.podigee.io/, abgerufen am 27.08.2020.

## 2.3.5 Krisen als Triebfedern nutzen

„Covid-19 wirkt wie ein Brandbeschleuniger" betitelte die FAZ in ihrer Ausgabe vom 23. Juni 2020 ein Interview mit dem TUI-Vorstandsvorsitzenden *Fritz Joussen*.[139] Das gilt nicht nur für die Reisebranche und die anderen schon vorher[140] als besonders stark betroffen skizzierten Bereiche. Entsprechende Ereignisse legen unter dem Druck der Ereignisse Schwächen von Unternehmen generell offen.

Umso erstaunlicher wirken vielerorts die Beharrungskräfte, die sich einer Anpassung an veränderte Umstände zunächst entgegensetzen und sie möglichst hinauszuzögern versuchen. So hatte sich bereits beim letzten Mal, nämlich im Zuge der im September 2008 einsetzenden Weltwirtschaftskrise, ein globaler, jedoch eher verhaltener Wandel in Bezug auf das Megathema Digitalisierung abgezeichnet. Die digitalen Medien zeigten schon damals neue Informations- und Kommunikationskanäle auf, das Smartphone hatte Einzug gehalten, aber die Bereitschaft zur Annahme dieser Neuerungen war eher verhalten. Entsprechend begrenzt war die Bereitschaft zur Anpassung unternehmerischer Strukturen.

Seit dem Abklingen der ersten Covid-19-Welle im Juni 2020 ist es die Präsenzkultur in den noch immer reichlich vorgehaltenen „stationären" Büroräumen der Unternehmen, bei der ähnliche Beharrungskräfte zu beobachten sind. Nicht selten wird Anwesenheit vor Ort offenbar noch immer mit guter Leistung, Kontrolle, Effizienz und einer straffen Führung assoziiert.

Allerdings empfindet ein nicht unerheblicher Teil der fast 20 Millionen Berufspendler[141] in Deutschland die tägliche Anwesenheitspflicht als Zumu-

---

[139] FAZ Nr. 143 v. 23.06.2020, 22.
[140] Unter Kap. 1.
[141] Nach Angaben des SPIEGEL v. 06.02.2020 war der Anteil der Beschäftigten, die in Deutschland lange Wege zum Arbeitsplatz und zurück in Kauf nehmen, nach einer Auswertung von Pendlerdaten des Bundesinstituts für Bau-, Stadt- und Raumforschung 2018 auf einen neuen Rekordwert gestiegen: Sechs von zehn Arbeitnehmern pendelten zur Arbeit. Die Zahl der Pendler stieg danach von knapp 14,9 Millionen im Jahr 2000 auf 19,3 Millionen Menschen – Binnenpendler „von einem Stadtende zum anderen" dabei ausdrücklich noch ausgenommen, https://www.spiegel.de/karriere/pendeln-in-deutschland-nehmen-immer-mehr-menschen-lange-wege-zum-arbeitsplatz-in-kauf-a-085c2c3a-36ef-4aeb-b807-6fbc70e5d95d. Dabei weist die für die WirtschaftsWoche und ImmoScout 24 erstellte, im November 2020 bekannt gewordene Studie darauf hin, dass der Pendlersaldo signifikant mit den aktuellen Quadratmeterpreisen zusammenhängen, die vor Ort für Eigentumswohnungen aufgerufen werden. Je höher dieser Preis ist, umso mehr Men-

tung. Homeoffice ist „in", nicht nur unsere Norstat-Studie[142] zeigt es. Auch unter klimatischen Aspekten stellt sich vielen Betroffenen die Frage, ob tägliche Fahrten wirklich erforderlich sind. Schlagen Sie den Bogen zurück zum Umweltthema, kombiniert mit der Ressource HR – schon liegt es nahe,

- nach dem Erkennen entsprechender Veränderungsimpulse und
- dem Verifizieren einer damit einhergehenden Veränderungsbereitschaft

die Errungenschaften der erlebten Krisen zukunftsfähig zu machen. In unserem Fall heißt das vielerorts: Bauen Sie Ihre Mobile Office-Optionen aus. Auch auf dieses Thema sind wir im agilen Kontext[143] ja schon eingegangen.

## 2.3.6 Mobiles Arbeiten als „New Normal"

**Innovative Formate**
Bereits seit einiger Zeit gibt es innovative Formate wie virtuelle Barcamps und entsprechend multimediale Video-Chats bzw. Videokonferenzen, mit deren Hilfe sich kollaborativ Kommunikations- und Strategieprozesse entwickeln lassen. Solche neuen Tools hatten schon vor der Covid-19-Krise Ideen und Erfahrungen generiert, die künftig ein verstärktes mobiles Arbeiten erheblich erleichtern sollten.[144]

Mit dem Ausbruch der Pandemie selbst ging es dann plötzlich nicht mehr anders: Innerhalb kürzester Zeit mussten etwa ab März 2020 Manager, Personal-, IT-Beauftragte, aber auch ganze Rechts- und Fachabteilungen von Dienstleistungsunternehmen eine parallel laufende ana-

---

schen pendeln in eine Stadt ein. Spitzenplätze nehmen in Deutschland München und Frankfurt ein, in die über 400.000 bzw. knapp 390.000 Arbeitnehmer einpendeln. Im letzten Fall sind das über 60 % aller dort Beschäftigten. S. hierzu grafisch aufbereitet WiWo Nr. 47 v. 13.11.2020, 38.
[142] Siehe dazu Abschn. 1.2 sowie im Anhang.
[143] S. hierzu insbesondere unter Abschn. 2.2.3. Siehe ergänzend dazu das als Handlungshilfe für Betriebsräte verfasste Werk von Matthias Ruchhöft/Matthias Wilke, Mobiles Arbeiten, Frankfurt 2017.
[144] S. zur praktischen Durchführung eines Barcamps bereits Anette Schunder-Hartung, Neue Handlungsmuster für das digitale Zeitalter, in: Martin Schulz/Anette Schunder-Hartung (Hrsg.), Recht 2030, Frankfurt 2019, S. 21 f. Rn. 56 ff. m. w. N.

log-virtuelle Unternehmensstruktur schaffen. Eine Fortführung des laufenden Geschäftsbetriebs würde multimedial zu gewährleisten sein, alles andere war unter Infektionsschutzaspekten zu gefährlich.

Vertriebsstrukturen und Kommunikationskanäle mussten blitzschnell neu organisiert werden, Mitarbeiter vom Local Office ins Mobile- oder Home-Office wechseln.[145] Dabei war nicht nur auf organisatorischer Ebene die Funktionsfähigkeit aufrecht zu erhalten, es galt auch einem „Social Distancing", also dem Fremdeln auf subjektiver Ebene entgegenzuwirken.

Zwischenzeitlich haben weite Teile der Belegschaft in Unternehmen der Digitalwirtschaft, aber auch von anderen Dienstleistern, jedenfalls teilweise von zuhause aus gearbeitet – und das, wie[146] gesagt, nicht ungern! Unter dem Druck der Covid-19-Krise wurde so flexibles Arbeiten für einige zum Standard, um eine mögliche neue Normalität mitzugestalten. Ein „New Normal" begann Einzug zu halten, von dem es heute, Monate später, beiweitem nicht mehr so aussieht, als würde es sich um eine vorübergehende Notlösung handeln. Vielmehr scheint sich jedenfalls die Aufforderung „Go hybrid!" geradezu zu einer Zukunftsmaxime zu entwickeln, die nach entsprechender Anpassung seitens aller Anbieter von Dienstleistungen verlangt.

**Take it (not so) easy**
Nun gibt es tatsächlich auch schon eine Vielzahl externer Angebote für digitale und multimediale Kommunikation. Allerdings stoßen Unternehmen bei ihrer Suche neben technischen nicht selten auch auf datenschutzrechtliche Probleme, denn vermeintliche Lösungen werden häufig von im Ausland ansässigen Betreibern bereitgestellt. Zudem bieten einige dieser Anbieter zwar unterschiedlichste „Take it easy"-Funktionen an. Diese ermöglichen dann z. B. komfortable Video-Chats oder Videokonferenzen. Bezahlt wird das Ganze dann aber zum Teil mit einer nicht Datenschutz konformen

---

[145] Illustrativ dazu die weltweite Sammlung von Korrespondentenberichten unter dem Titel „Die neue Leere" in FAZNr. 114 v. 16.05.2020, C1.
[146] Bereits unter Abschn. 1.2.

- Erhebung,
- Aufzeichnung,
- Auswertung und
- Weitergabe von Daten.

Auch steht hier nicht immer Ende-zu-Ende-Verschlüsselung zur Verfügung, die eine geschützte oder abhörsichere Kommunikation gewährleistet.

Server befinden sich teils im Ausland und eine Weitergabe von Daten an Dritte ist nicht auszuschließen. Diese Gegebenheiten sollten nicht nur Datenschützer und Betriebsräte aufhorchen lassen – vor einer ungeschützten Preisgabe möglicher Unternehmensgeheimnisse kann nicht nachdrücklich genug gewarnt werden.

**Datenschutzkonforme Lösungen**
Bereits diese Punkte zeigen auf, weshalb sich Unternehmen vermehrt mit eigenen Lösungen auseinandersetzen (müssen). Gefragt sind Lösungen, die eine digitale, datenschutzkonforme Kommunikation über eigene Software- Entwicklungen auf eigenen oder anderweitig vertrauenswürdigen Servern ermöglichen. Eigene VPN-Verbindungen, geschützte Datennetzwerke und hierfür eingerichtete Computer zählen zu den großen Herausforderungen, denen sich IT-Abteilungen, Datenschutzbeauftragte und Betriebsräte unserer Erfahrung nach mit Nachdruck stellen müssen.

Teil dieser Projektphase ist die Vorstellung und Gegenüberstellung unterschiedlicher Möglichkeiten der Unternehmenskommunikation aus multimedialen Gesichtspunkten. Das Thema Datenschutz, seine technische Umsetzung sowie die mitarbeiterbezogene Unterweisung und Einhaltung der Datenschutz-Grundverordnung oder kurz DS-GVO zählen heute zu den wesentlichen Bestandteilen der multimedialen Kommunikation.

> **Tipp**
> Eine Plattform, die sich neutral und auch aus datenschutzrechtlicher Sicht mit Themen der mobilen und multimedialen Kommunikation auseinandersetzt, ist die redaktionell geführte Onlineplattform mobilsicher.de. Das vom Bundesministerium der Justiz und für Verbraucherschutz geförderte Projekt ist in dieser Kombination allemal eine nähere Betrachtung wert.

## 2.3.7 Videoformate insbesondere

Einmal rasch einen Kollegen im Nachbarbüro etwas zu einem Sachverhalt fragen, der Kollegin einen Vorgang zeigen oder eine laufende Projektentwicklung vorlegen – all diese scheinbar selbstverständlichen Kleinigkeiten werden aus der Ferne erschwert. Ein unbewusster Augenaufschlag, ein Lächeln, ein fragender Blick: Was wird aus solchen Kommunikationssignalen in einer Telefonkonferenz? Wie lassen sich entsprechende Impulse aus der sozialen Distanz heraus aufrechterhalten?

Die „optische Antwort" darauf ist als solche nicht neu, wurde bislang aber vorwiegend privat genutzt. Sie liegt in der audiovisuellen Kommunikation durch Videokameras und Mikrofone im PC, Notebook oder Mobile Devices – sprich via Smartphone etc. Auch jenseits der populären Dienste von Skype, MS Teams oder Zoom sind die Möglichkeiten mannigfaltig.

**Anbieter-Übersicht**
In Tab. 2.1 finden Sie eine Übersicht von Anbietern, die Videokonferenz-Tools zur Verfügung stellen. Diese Übersicht ist weder vollständig, noch verstehen wir sie als Empfehlung für ein bestimmtes Tool. Vor dem Einsatz eines bestimmten Tools sollte immer auch eine rechtliche Prüfung im Einzelfall erfolgen.

Doch ist es wirklich so leicht, alle heute verfügbaren Medien in der unternehmensrelevanten Kommunikation einzusetzen? Die privat oft eher sorglose Freigabe personenbezogener Daten stellt aus datenschutzrechtlicher Sicht eine gewaltige Hürde für Unternehmen dar. Ob kostenlose oder kostenpflichtige Angebote – im ersten Schritt sollte jedes Unternehmen die Datenschutzerklärungen der Anbieter unter die Lupe nehmen (lassen). Zudem stellt für Videokonferenzen auch die schon[147] erwähnte DS-GVO besondere Anforderungen auf.

**Die Vorgaben der DS-GVO im Einzelnen**
Kommt die Nutzung von Videokonferenzen im geschäftlichen Umfeld zum Einsatz, müssen Sie die Vorgaben der DS-GVO einhalten. Dass Sie hier keine Fehler begehen, ist von enormer Bedeutung.

---
[147] Unter Abschn. 2.3.6.

Tab. 2.1 Videokonferenz-Tools

| Name | Land | Abschluss eines Vertrags zur Auftragsverarbeitung? | Privacy-Shield-Zertifizierung oder Standarddatenschutzklauseln, wenn außerhalb der EU ansässig? |
|---|---|---|---|
| Arkadin | Deutschland | Auf Anfrage | -- |
| ClickMeeting | Polen | Ja | -- |
| Discord | USA | Nein | Ja |
| Fastviewer | Deutschland | Ja | -- |
| GoToMeeting | USA | Ja | Ja |
| Hangouts/Meet von Google | USA | Ja | Ja |
| Intercall Unified Meeting | USA | Ja | Ja |
| meetgreen | Deutschland | Auf Anfrage | -- |
| meetyo | Deutschland | Auf Anfrage | -- |
| Skype for Business | USA | Ja | Ja |
| Slack | USA | Ja | Ja |
| TeamViewer | Deutschland | Auf Anfrage | -- |
| Teams von Microsoft | USA | Ja | Ja |
| Twitch | USA | Nein | Nein |
| WebEx von Cisco | USA | Ja | Ja |
| Zoom | USA | Ja | Ja |

Insoweit ist zunächst vor allem zu klären, ob der Datenschutzbeauftragte in die beabsichtigte Nutzung eingeschaltet ist. Zudem sollte geprüft und dokumentiert werden, ob eine Datenschutz-Folgenabschätzung erforderlich ist. Für den Fall, dass der ausgewählte Anbieter nicht aus der EU kommt, muss weiter sichergestellt sein, dass ausreichende Garantien für ein angemessenes Datenschutzniveau in Deutschland gewährt werden.

Wichtig ist außerdem, dass Sie für die notwendigen Dokumente zum Einsatz von Videokonferenzen Sorge tragen. Insoweit sind exemplarisch folgende Maßnahmen zu ergreifen:

- Mit dem Anbieter des Tools muss ein Vertrag zur Auftragsdatenverarbeitung geschlossen werden. Dieser sollte auch die technischen und organisatorischen Maßnahmen umfassen, sofern eine weisungsgebundene Auftragsdatenverarbeitung vorliegt. Üblicherweise wird ein Vertrag zur Auftragsdatenverarbeitung von den Anbietern zur Verfügung gestellt. In diesem Fall sollte dann aber jedenfalls geprüft werden, ob die technischen und organisatorischen Maßnahmen und Subunternehmer passend sind.
- Zudem müssen Sie auf die Datenschutzhinweise für die Teilnehmer der Videokonferenz nach Art. 13, 14 DS-GVO achten. Sowohl die eigenen Mitarbeiter als auch externe Teilnehmer sind über die Verarbeitung personenbezogener Daten im Zusammenhang mit der Nutzung eines Videokonferenz-Tools zu informieren. Die Hinweise sollten individuell ausgestaltet und auf die konkrete Nutzung und die jeweiligen Teilnehmer zugeschnitten sein.
- Das ausgewählte Tool bzw. die Software ist in das Verarbeitungsverzeichnis aufzunehmen.

> **Tipp**
>
> Kostenfreie Arbeitshilfen zur Umsetzung der DS-GVO-Anforderungen finden Sie mittlerweile auf zahlreichen behördlichen Homepages. Ein gutes Beispiel ist die Seite des Bayerischen Staatsministeriums des Innern, für Sport und Integration https://www.stmi.bayern.de/sus/datensicherheit/datenschutz/reform_arbeitshilfen/.

**Eigene Plattformen und Open-Source-Lösungen**
Unter dem Strich sind es meist datenschutzrechtliche Bedenken oder eine fehlende Ende zu Ende-Verschlüsselung, die Unternehmen dazu bewegen, eigene Plattformen einzurichten. Entsprechende Plattformlösungen sind insgesamt ein großes Thema, und das nicht nur, aber auch im juristischen Bereich. Um die Bewegung hin zu einer gemeinsamen so genannten „Common Legal Platform" voranzutreiben, hat sich dort 2018 in München der Verein Liquid Legal Institute (LLI) e. V. gegründet, der mit aHa Strategische Geschäftsentwicklung in einem Joint Venture verbunden ist (S. zum Ganzen https://www.liquid-legal-institute.com/). Das zugehörige englischsprachige Buchprojekt Liquid Legal (Jacob, Kai, Schindler, Dr. Dierk, Strathausen, Dr. Roger, Liquid Legal, 2. Aufl. Cham 2020. Eine entsprechende Buchbesprechung von Dr. Anette Schunder-Hartung erscheint demnächst in https://kanzleiforum.beck-shop.de/) fasst aus der Perspektive von über 40 Juristen unterschiedlicher Herkunft so verschiedene Aspekte wie die Rolle der künstlichen Intelligenz und die Zukunft der – hier: - juristischen Ausbildung zusammen. Eine datenschutzkonforme Nutzung und Bereitstellung von Videokonferenzen in der eigenen Unternehmenskommunikation begünstigen ansonsten eigene (Inlands-)Server ebenso wie individualisierbare Open Source-Lösungen für Videokommunikation. Wie wichtig gute Open Source-Softwarelösungen sind, haben unlängst wieder *Peter Ganten* und *Rafael Laguna de la Vera* betont, der Leiter der (Bundes-)Agentur für Sprunginnovationen (https://zeitung.faz.net/faz/digitec/2020-11-09, abgerufen am 10.11.2020). Sie sei der einzig sinnvolle Weg, über den Bürger, Unternehmen und Volkswirtschaften unabhängig von einzelnen Anbietern werden und dauerhaft innovativ bleiben könnten. Der Grund: Open Source-Software kann anders als klassische, prioritäre Software unabhängig vom ursprünglichen Hersteller angepasst, verändert und weitergegeben werden.

Gerade für Open Source-Lösungen gibt es nun eine Vielzahl von Anbietern, die sich auf die Einrichtung und Integration unternehmensspezifischer Serverlösungen spezialisiert haben. Dabei nutzen Universitäten zum Beispiel gerne Open Source-Lösungen wie BigBlueButton (BBB). Aufgrund ihrer Plattform bieten derartige Lösungen eine größtenteils Browser- und Betriebssystem übergreifende Nutzung. Zudem lassen sie sich in gewissem Umfang auf eigenen Servern installieren und an unternehmensspezifische Erfordernisse anpassen.

Eigene, native Entwicklungen für Videostreaming und Videokonferenzen werden aufgrund hoher Entwicklungskosten in der Regel nur von größeren Unternehmen betrieben.

Wenn es an die Auswahl Ihres Videosystems geht, sollten Sie sich folgende Fragen stellen:

- Wie viele Teilnehmer werden gleichzeitig an einem Meeting teilnehmen?
- Wie viele Meetings werden gleichzeitig stattfinden?
- Welche Betriebssysteme oder Devices dürfen bzw. sollen genutzt werden?
- Möchten Sie die Installation externer Applikationen auf den Endgeräten erlauben?
- Welche konferenzbegleitenden Optionen benötigen Sie?

Stichworte hierzu sind:

- Aufzeichnungsoptionen generell,
- Bereitstellung von Videos etc.,
- Durchführen von Chats,
- Einladungsmöglichkeiten,
- Generieren von Umfragen,
- Kameras,
- Mikrofonsteuerungen,
- Separate Meeting-Räume,
- Teilen von Bildschirmen sowie
- Teilen von Dokumenten.

**Technische Anforderungen**
Zu den zentralen technischen Anforderungen an Videokonferenzen zählen:

- Leistungsstarke Streaming-Server, denn eine ansprechende Videoqualität in Kombination mit gutem Ton benötigt teils hohe Bandbreiten. Gemeint sind Bandbreiten, die sich mit zunehmender Anzahl von Teilnehmern in Videokonferenzen drastisch erhöhen und bereit stehen müssen, um konstant stabile Videobilder übertragen sowie eine ansprechende Tonübertragung gewährleisten zu können.

- Möglichst leistungsstarke Computer, Notebooks oder mobile Endgeräte im Unternehmen mit einer integrierten oder extern angeschlossenen Videokamera nebst Mikrofon. Diese Rechner sollten auf aktuellen Betriebssystemen laufen und zum Videostreaming über ausreichend leistungsstarke Prozessoren verfügen.
- Gute, möglichst lichtstarke Videokameras (Webcams) und eine saubere Kameralinse. Nicht immer verfügen Rechner oder Notebooks über gute, integrierte Webcams, die ein klares Videobild liefern. So können externe Kameras via USB oder HDMI verwendet werden.
- Welche Kameras als externe Webcam verwendet werden können, hängt dabei von den verfügbaren Anschlüssen des jeweiligen Rechners ab. Bei der Verwendung extern angeschlossener Kameras ist darauf zu achten, ob Konferenzanbieter wie Zoom oder Internetbrowser die Darstellung sogenannter Virtueller Kameras (Virtual Cams) ermöglichen. Hierbei kann es sich z. B. um extern angeschlossene DSLR-Kameras handeln, die durch Besonderheiten wie Bokehs (Personen werden fokussiert scharf, der Hintergrund hingegen weichgezeichnet dargestellt) ein besonders ansprechendes Kamerabild bieten.
- Bei virtuellen Cams handelt es sich meist um eine ursprünglich aus der Studiotechnik stammende, externe Software wie ecamm, die es ermöglicht, externe oder mehrere Kamerasignale als Webcam auszugeben, ein- und auszuspielen. Gerade bei Unternehmen, die ihren Anspruch durch hochwertig bereitgestellte Videos hervorheben oder eigene Videos für Podcasts produzieren möchten, ist das eine heute durchaus gefragte Videokomponente.
- Gleiches gilt für integrierte oder extern angeschlossene Mikrofone bzw. Headsets. Diese sollten einen klaren Ton aufzeichnen und wiedergeben. Bei extern angeschlossenen Mikrofonen müssen Sie darauf achten, dass diese den Ton lippensynchron zum Bild liefern. Meist kann ein Delay (Tonverzögerung) durch mitgelieferte Software angeglichen werden.
- Die Installation von Software basierten Apps, die vorab auf dem Endgerät installiert werden müssen. Hier sollte darauf geachtet werden, dass diese Applikationen für die heute gängigen Betriebssysteme zur

Verfügung stehen. Alternativ bieten viele dieser Open Source-Lösungen Internetbrowser basierte Einwahlmöglichkeiten zur Teilnahme an Videokonferenzen an. Alle Lösungen setzen jedoch eine gute Internetverbindung voraus.
- Eine Ende-zu-Ende-Verschlüsselung zwischen den jeweiligen Konferenzteilnehmern. Dies betrifft auch die geschützte Verschlüsselung verwendeter Dokumente.

Im Zusammenhang mit der Datensicherheit und der Informationssicherheit sind beim Einsatz von Videokonferenzen insbesondere folgende Punkte zu berücksichtigen:

- Zunächst ist zu klären, ob der Dienstleister ausreichende datenschutzfreundliche Voreinstellungen anbietet und ob diese eingestellt sind. Insoweit ist vor allem auf eine Ende-zu-Ende-Verschlüsselung von Übertragungen zu achten. Der Anbieter darf also keine Kenntnis von Inhalten der Kommunikation nehmen.
- Tracking-Funktionen sollten ausgeschaltet werden, sofern diese nicht erforderlich sind.
- Soweit möglich, sollten bei einer Videokonferenz keine besonderen Kategorien von Daten, also beispielsweise Gesundheitsdaten, besprochen und aufgezeichnet werden.
- Es ist auf die strenge Zweckbindung zu achten, das heißt die erhobenen Daten dürfen nicht zu anderen Zwecken als zur Ermöglichung der Kommunikation genutzt werden.
- Das Löschen von Aufzeichnungen und Dokumenten sollte automatisiert erfolgen.
- Schließlich sind ein Rollen- und Berechtigungskonzept sowie Maßnahmen zur Datensicherung und zur Notfallplanung zu impleentieren.

**Die Einbindung der Beschäftigten im Homeoffice**
Um die Videokonferenzen schließlich auch im Homeoffice sicher zu etablieren, sollten die Beschäftigten für den Datenschutz sensibilisiert und ent-

sprechend informiert werden. Insoweit bietet es sich üblicherweise an, den Beschäftigten eine Zusammenfassung der Anforderungen und Empfehlungen an die Hand zu geben. Die Beschäftigten können dort über den Schutz ihrer Privatsphäre einerseits und über die datenschutzrechtlichen Voraussetzungen beim Einsatz der Tools andererseits informiert werden. Es kann nur im Einzelfall entschieden werden, welche Informationen konkret sinnvoll und notwendig sind. Es werden hier exemplarisch Informationen aufgezeigt, die für die Beschäftigten typischerweise wichtig sind.

> **Tipp**
> Zum Schutz der Persönlichkeitsrechte Betroffener sollten Sie das Sichtfeld vor der Videokonferenz auf Objekte überprüfen (lassen), die nicht gesehen werden sollten.

Zudem sollten die Beschäftigten darüber informiert werden, dass sich nicht jeder Inhalt für Videokonferenzen eignet und gegebenenfalls unzulässig ist. Dies gilt insbesondere für Gespräche aus dem Personalbereich, die Verarbeitung sensibler personen-bezogener Daten (wie etwa Gesundheitsdaten) oder für Gespräche über Geschäftsgeheimnisse. Häufig wird parallel zu einer Videokonferenz ein Chat-Kanal genutzt. Die Beschäftigten sollten in diesem Fall darauf aufmerksam gemacht werden, sich nur so zu äußern, dass eine versehentliche Veröffentlichung des Chats keinen Schaden für sie oder das Unternehmen anrichtet.

Schließlich sollten Sie insbesondere auch darüber informiert werden, dass es im Rahmen der Nutzung von Videokonferenz-Tools zu meldepflichtigen Datenpannen kommen kann. Solche Datenpannen müssen innerhalb von 72 Stunden der zuständigen Datenschutzaufsichtsbehörde gemeldet werden.

### 2.3.8 Internetrelevanz

Bewegten wir uns vor einigen Jahren noch vom Büro oder Heimrechner aus – mit ihren festen Monitorgrößen und Limitierungen – im Internet, sind es heute vorrangig mobile Endgeräte wie Tablet-PCs oder Smartphones, die mit ihren multimedialen, mobilen Eigenschaften Marktanteile erobert haben. Sehen Sie sich unsere Norstat-Studie an[148] – Smartphones, Laptops, Notebooks und Tablets haben den Desktop-PC abgehängt.

Hinzu kommt, dass heute nicht mehr unbedingt die Computermaus als zentrales Steuerorgan für unser interaktives Handeln dient. Stattdessen sind es mittlerweile oft Touch- und Gestensteuerungen, die uns den Alltag erleichtern. Die Folge ist ein deutlich intuitiveres Arbeiten verbunden mit einem neuen User-Erlebnis, das der Kunde auch im beruflichen Kontext nicht mehr missen möchte. Das stellt Dienstleistungsunternehmen mit Blick auf die technische, grafische und inhaltliche Ausgestaltung ihrer Online-Präsenz vor neue Herausforderungen.

Betrachtet man die mobilen Endgeräte vor diesem Hintergrund, so ist deren Nutzung mit ihren kompakten und handlichen Größen an neue technische Gegebenheiten gebunden. Eine große Rolle spielen schnelle Ladezeiten von Webseiten, Bildern, Fotos und Videos. Zudem basieren diese Geräte auf einer eigenen Nutzeroberfläche, die entweder „responsive" oder „native" bereitgestellt werden muss.

**Responsive Applikationen**
Responsive Webseiten zeichnen sich dadurch aus, dass sie selbstständig das Endgerät des Benutzers erkennen und Inhalte unabhängig von Betriebssystemen passend für alle Monitor- oder Displaygrößen bereitstellen. Hierzu fragen sie beispielsweise ab, welche Monitorgröße zur Verfügung steht. Auf Basis dieser Informationen versuchen diese Endgeräte bereitgestellten Content darzustellen. Mit der Einführung der ersten mobilen Endgeräte musste neben einer statischen Webseite meist noch eine separate, mobile Version erstellt werden, die neben einem doppelten Pflegeaufwand auch entsprechende technische Kenntnisse voraussetzte. Mit der Entwicklung responsiv reagierender Webseiten entfiel dieser doppelte Aufwand. Der entscheidende Vorteil liegt im Zuge dessen in der zentralen Erstellung und Pflege einer einzigen Homepage.

---

[148] Unter Abschn. 1.2 und im Anhang.

**Native Applikationen**
Hierbei handelt es sich um Software, die separat für ein oder mehrere Betriebssysteme entwickelt wird. Bekannt aus den App-Stores, bieten Unternehmen hier Inhalte und Angebote für Betriebssysteme wie z. B. Apple, iOS oder Android an. Ihr Vorteil liegt darin, dass es sich um meist sehr schnelle, individuell entwickelte Applikationen handelt, die weiterführende Funktionen aufweisen. Zudem wird kein Internetbrowser benötigt.

Allerdings sind solche nativen Applikationen meist kostenintensiv in der Entwicklung und Pflege. Apps müssen für unterschiedliche Betriebssysteme entwickelt und vom Anwender auf dem Endgerät installiert werden. Unternehmen untersagen dies bei beruflich bereitgestellten Devices im Übrigen oft aus datenschutzrechtlichen Gründen.

### 2.3.9 Suchmaschinenrelevanz

Eine zentrale Dimension der digitalen Unternehmenskommunikation ist schließlich die Auffindbarkeit des Dienstleisters über Online-Suchmaschinen, Videoportale und Co. Suchende recherchieren heute über unterschiedliche Suchmaschinen und Plattformen nach Informationen. Wer für eine gute Auffindbarkeit nicht auf kostenpflichtige Werbeanzeigen zurückgreifen kann oder möchte, muss sowohl inhaltlich als auch technisch dafür sorgen, dass seine Inhalte den aktuellen Anforderungen der Bewertungsalgorithmen der Suchmaschinen wie Google, Bing und Co. entsprechen und sich durch Relevanz von bereits vorhandenem Content abheben. Das zugehörige Stichwort heißt in englischer Übersetzung der Suchmaschinenoptimierung „Search Engine Optimization", kurz: SEO.[149]

Hier zeigte sich spätestens 2015, welchen Stellenwert die neuen Medien mit ihren mobilen Geräten im Alltag eingenommen haben: In diesem Jahr änderte der Suchmaschinenriese Google seine Bewertungsalgorithmen für Webseiten. „Mobile-Friendly" war das Konzernstichwort. Um zu prüfen, ob Webseiten tatsächlich für mobile Geräte geeignet sind,

---

[149] Siehe zum Online-Marketing mittels effektiver Suchmaschinenoptimierung grundlegend das ebenfalls bei SpringerGabler erschienene Werk von Andre Alpar, SEO – Strategie, Taktik und Technik, Wiesbaden 2015.

stellt Google unter dieser Überschrift bis heute online ein Website-Tool zur Verfügung, mit dem Sie Ihre Homepage einem entsprechenden Mobilitätstest unterziehen können.

> **Tipp**
> Dieses Tool finden Sie unter: https://search.google.com/test/mobile-friendly

Waren statische Webseiten bis zu dieser Zeit noch gut in Suchergebnissen gelistet, wurden sie über mobile Endgeräte schon nicht mehr oder wesentlich schlechter gefunden. Das ist Grund genug, kontinuierlich neue oder bevorstehende Änderungen (sowohl technisch als auch im Hinblick auf externe Bewertungsrichtlinien) im Auge zu behalten, um Zielgruppen auch in Zukunft über relevante Plattformen erreichen zu können. Es bedeutet mit anderen Worten auch hier, sich fortlaufend umzustellen und anzupassen.

Wollen Unternehmen ihre Sichtbarkeit erhöhen und bei Online-Suchmaschinen wie insbesondere bei Google weit oben gelistet werden, sind immer auch datenschutzrechtliche Anforderungen und Pflichten zu berücksichtigen.

Im Zusammenhang mit seinen Bewertungsalgorithmen lässt sich Google nicht vollständig in die Karten schauen. Bekannt ist aber beispielsweise, dass sich das Ranking dann erhöht, wenn die Webseite für mobile Endgeräte optimiert ist. Zudem kann nicht ausgeschlossen werden, dass durch den Einsatz des Analysetools Google Analytics auch das Ranking bei Google optimiert wird. Wird dieses Web-Analysetool aber benutzt, sind die datenschutzrechtlichen Risiken regelmäßig intensiver als bei anderen Anbietern.

Insoweit ist zunächst zu beachten, dass bei Nutzung von Google Analytics sämtliche Daten an Google übergeben werden und Google diese dann für seine eigenen Zwecke benutzen kann. Zudem sollte berücksichtigt werden, dass die Informationen an einen Server von Google in den USA, also einem Drittstaat, übertragen und dort gespeichert werden. Bei einer Datenübermittlung an einen Drittstaat muss aber durch entsprechende Garantien zum Schutz der personenbezogenen Daten sichergestellt werden, dass das Datenschutzniveau der Europäischen Union eingehalten wird.

Generell sind bei der Nutzung von Trackingtools auch weitere datenschutzrechtliche Pflichten zu berücksichtigen. Insofern muss mit dem jeweiligen Anbieter insbesondere ein so genannter Auftragsverarbeitungs-Vertrag abgeschlossen werden. Das ist mit Geltung der DS-GVO nun auch auf elektronischem Weg möglich. Zudem ist vor allem auch darauf zu achten, dass bei der Nutzung von Trackingtools typischerweise „nicht notwendige" Cookies verwendet werden. Die Verarbeitung dieser Cookies ist aber erst nach einer ausdrücklichen und informierten Einwilligung auf den Geräten der Nutzer zulässig.

Die immer noch häufig verwendeten Einwilligungsbanner wie „Wir nutzen Cookies – wenn Sie unsere Webseite weiterhin nutzen, erklären Sie sich mit der Cookie-Nutzung einverstanden", sind daher im Zusammenhang mit der Verarbeitung nicht notwendiger Cookies unzulässig.

Viele Unternehmen haben nicht nur eine eigene Internetseite, sondern bespielen gleichzeitig Social-Media-Seiten, wie beispielsweise Facebook oder Instagram. Social-Media-Seiten tragen maßgeblich zur Markenbildung bei und können die Suchmaschinenoptimierung beeinflussen. Werden Social-Media-Kanäle benutzt, gelten grundsätzlich die oben beschriebenen datenschutzrechtlichen Anforderungen und Risiken. Das Unternehmen muss in diesem Fall aber auch noch intensiver darauf achten, die datenschutzrechtlichen Grundsätze wie etwa der Datenminimierung und -sparsamkeit einzuhalten. Zudem ist eine Verknüpfung der Daten – etwa auf einer Kundendatenbank – üblicherweise nicht zulässig und sollte daher im Vorfeld immer rechtlich geprüft werden.

Außerdem ist zu beachten, dass sich die Betreiber von Facebook-Fanseiten zumindest nach aktueller Ansicht der bayerischen Landesdatenschutzbehörde nicht ohne Weiteres datenschutzkonform verhalten können. Hintergrund ist, dass Facebook derzeit keine ausreichenden Informationen über die Rechtmäßigkeit ihrer Verarbeitungstätigkeiten zur Verfügung stellt. Da Fanseiten-Betreiber aber mit Facebook gemeinsam verantwortlich sind, trifft das Verhalten von Facebook auch die Fanseiten-Betreiber.

Mit der Schaffung erhöhter Sichtbarkeit auf Social-Media-Seiten gehen zudem auch dann erhöhte Risiken einher, wenn auf der eigenen Internetseite echte Social-Media-Plugins eingebunden werden. Dies ist typischerweise bei Einbindung des Facebook Gefällt-mir-Buttons bzw. Like-Buttons der Fall. Dann werden nämlich bei jedem Aufruf der Internetseite mit Plugins personenbezogene Daten der Webseitenbesucher automatisch an Facebook weitergeleitet. Für die Verwendung des Facebook Like-Buttons bedarf es daher einer ausdrücklichen Einwilligung der Nutzer. Die Einwilligung kann grundsätzlich mit der so genannten Zwei-Klick-Lösung eingeholt werden. Dabei wird der Like-Button zwar optisch in den eigenen Webauftritt eingebunden, nicht jedoch dessen volle Funktionalität.

Damit erscheint der Like-Button zwar bereits beim Aufrufen der Webseite durch den Nutzer, es werden aber noch keine personenbezogenen Daten an Facebook übermittelt. Dies geschieht erst, wenn der Nutzer auf den Like-Button klickt, anschließend gemäß der rechtlichen Vorgaben informiert worden ist und dann durch einen zweiten Klick ausdrücklich bestätigt, dass die entsprechenden Daten an Facebook übermittelt werden sollen.

**Ihr Transfer in die Praxis**

- Systematisch, agiles und multimediales Vorgehen sind drei aufeinander bezogene, ineinander übergreifende Teilbereiche Ihres modernen Arbeitens als Dienstleister, die Sie gleichzeitig und gleichermaßen praktizieren sollten, um am Markt erfolgreich zu bleiben.
- Dabei ist strukturiertes Arbeiten nicht nur eine Frage inhaltlicher Aufmerksamkeit in der Sache, sondern auch von nachvollziehbaren Vorgehensweisen. Beides sollten Sie nebeneinander beherrschen.
- Agile Konzepte bringen Sie weiter – nicht nur in der Theorie, auch in der Praxis: Probieren Sie sie immer wieder aus, auch wenn Sie nicht gleich und nicht ganz funktionieren. Das ist im Erfolgsvorgang „eingepreist".
- Erst eine multimediale Kommunikation auf analogem wie digitalem Wege rückt Sie als Dienstleister ins optimale Licht: Nur so nimmt Sie Ihr aktuelles Publikum ausreichend wahr.
- Soweit Sie im offenbar beginnenden Zeitalter des „Go hybrid!" auf Videoformate zurückgreifen, gelten technisch und juristisch einige Besonderheiten, die Sie im Kopf haben sollten.
- Auch die Internet- und Suchmaschinenrelevanz behalten Sie dabei bitte im Auge.

# Literatur

1. Alpar, Andre, SEO – Strategie, Taktik und Technik, Wiesbaden 2015.
2. Amann, Ella Gabriele, Resilienz, 2. Aufl. Freiburg 2015.
3. Apple, Fiona, Under The Table, aus: Fetch the Bolt Cutters, 2020, https://www.azlyrics.com/lyrics/fionaapple/underthetable.html, abgerufen am 26.08.2020.
4. Barschneider, Nina, Produktiv mit Pfefferminz, WiWo Nr. 25 v. 12.06.2020, 92.
5. Bartmann, Dr. Christoph, Leben im Büro, München 2012.
6. Bordt, SJ, Prof. Dr. Michael, Einen Leadership-Algorithmus wird es nie geben, Frankfurter Allgemeine Verlagsspezial New Work 2019, 14.
7. Braun, Christophe/Krauß, Udo, Agile Power Guide, Düsseldorf 2019.
8. Brenner, Julius, Nicht ohne: Benchmarking und Reporting, in: Schulz, Prof. Dr. Martin/Schunder-Hartung, Dr. Anette (Hrsg.), Recht 2030, Frankfurt a. M. 2019, 73.
9. Büntemeyer, Lisa, So finden Sie Zeit für das, was wirklich wichtig ist, https://www.impulse.de/management/selbstmanagement-erfolg/eisenhower-prinzip/3558243.html, abgerufen am 26.08.2020.
10. Connor, Joseph/Seymour, John, Neurolinguistisches Programmieren: Gelungene Kommunikation und persönliche Entfaltung, 22. Aufl. Kirchzarten 2015.
11. Dixit, Avinash K./Nalebuff, Barry J., Spieltheorie für Einsteiger, Stuttgart 1997.
12. Drucker, Peter Ferdinand, Managing for Business Effectiveness, in: Harvard Business Review. 3, May and June, 1963, 53.
13. Ehmann, Brigitte, Agile Methoden für Personaler, Wiesbaden 2019.
14. Engelhardt, Kristin, Erfolgreiche Interne Kommunikation im Digital Workplace, Wiesbaden 2020.
15. Fisher, Roger/Ury, William/Patton, Bruce, Getting to Yes, 2. Aufl. London 1991.
16. Fordon, Anja, Die Storytelling-Methode, Wiesbaden 2018.
17. FAZ Nr. 143 v. 23.06.2020, 22.
18. Frankfurter Allgemeine Magazin, März 2020, S. 48.
19. Fritz, Dr. Robin, Unternehmen Anwaltskanzlei, in: Schulz, Prof. Dr. Martin/Schunder-Hartung, Dr. Anette, Recht 2030, Frankfurt a. M. 2019, 81.
20. Geus, Elena, Kollegialität wird großgeschrieben, in: FAZ Nr. 72 v. 25.03.2020, 3.
21. Glock, Philipp, Kollege Software – Der Anwalt der Zukunft, in: Schulz, Prof. Dr. Martin/Schunder-Hartung, Dr. Anette (Hrsg.), Recht 2030, Frankfurt a. M. 2019, 129.

22. Guldner, Jan, Abra Kadaver, WirtschaftsWoche Nr. 28 v. 03.07.2020, 94.
23. Hambach, Jens, Methodik für einen digitalen Verbesserungsprozess im betrieblichen KVP-Entwicklung und problemorientierte Validierung. Darmstadt 2019, https://tuprints.ulb.tu-darmstadt.de/9170/7/Dissertation%20Jens%20Hambach%20Digitaler%20KVP.pdf, abgerufen am 26.08.2020.
24. Hammersen, Dr. Nicolai/Cabras, Marco, Jenseits von „mee too" – Zur Kommunikation von Kanzleien, in: Schulz, Prof. Dr. Martin/Schunder-Hartung, Dr. Anette (Hrsg.), Recht 2030, Frankfurt a. M. 2019, 349.
25. Heussen, Professor Dr. Benno, Anwaltsunternehmen führen, 3. Aufl. München 2016.
26. https://search.google.com/test/mobile-friendly, abgerufen am 26.08.2020.
27. https://www.stmi.bayern.de/sus/datensicherheit/datenschutz/reform_arbeitshilfen/, abgerufen am 26.08.2020.
28. http://www.bmas.de/SharedDocs/Downloads/DE/PDF-Publikationen-DINA4, S. 65 ff, abgerufen am 26.08.2020.
29. http://www.kanzlei-taskforce.de/, abgerufen am 26.08.2020.
30. https://falschzitate.blogspot.com/2018/01/es-gibt-nichts-gutes-auer-man-tut-es.html, abgerufen am 26.08.2020.
31. https://wirtschaftslexikon.gabler.de/definition/key-performance-indicator-kpi-52670, abgerufen am 26.08.2020.
32. https://wirtschaftslexikon.gabler.de/definition/meilenstein-38590, abgerufen am 26.08.2020.
33. https://wirtschaftslexikon.gabler.de/definition/projektmanagement-pm-46130, abgerufen am 26.08.2020.
34. https://wortsalonschlitz.podigee.io/, abgerufen am 27.08.2020.
35. https://www.betriebswirtschaft-lernen.net/erklaerung/portfolio-analyse-bcg-matrix/, abgerufen am 26.08.2020.
36. https://www.dpma.de/marken/markenrecherche/index.html, abgerufen am 26.08.2020.
37. https://www.dpma.de/marken/markenrecherche/index.html, abgerufen am 26.08.2020.
38. https://www.henry-ford.net/deutsch/zitate.html, abgerufen am 26.08.2020.
39. https://www.praktikum.info/karrieremagazin/bewerbung/soft-skills, abgerufen am 26.08.2020.
40. https://www.praktikum.info/karrieremagazin/bewerbung/soft-skills, abgerufen am 26.08.2020.
41. https://www.testingtime.com/blog/double-diamond-design-prozess/, abgerufen am 26.08.2020.

42. https://www.transaktionsanalyse-online.de/, abgerufen am 26.08.2020.
43. https://www.youtube.com/watch?v=Bo759np9-nM, abgerufen am 26.08.2020.
44. Kistermann, Martin, Higher Level für Unternehmen, in Schulz, Prof. Dr. Martin/Schunder-Hartung, Dr. Anette (Hrsg.), Recht 2030, Frankfurt a. M. 2019, 205.
45. Klaffke, Professor Dr. Martin, Gestaltung agiler Arbeitswelten, Wiesbaden 2019.
46. Krieger, Dr. Steffen/Rudnik, Dr. Tanja/Povedano Peramato, Dr. Alberto, Homeoffice und Mobile Office in der Covid-19-Krise, NZA 2020, 473.
47. Lotter, Wolf, neu sortieren, brand eins 6/2020, 39.
48. Luft, Joseph/Ingham, Harry, The Johari window, a graphic model of interpersonal awareness, in: Proceedings of the western training laboratory in group development, Los Angeles: UCLA, 1955.
49. Malik, Fredmund, Führen, Leisten, Leben, Frankfurt, 2019.
50. Patrzek, Andreas, Systemisches Fragen, Wiesbaden 2015.
51. Porter, Prof. Michael/Nohria, Prof. Nitrin, Zeitmanagement, Harvard Business manager, September 2018, 21.
52. Rau, Kristin, Was können Sie besser als andere?, WirtschaftsWoche Nr. 27 v. 26.06.2020, 92.
53. Riemann, Fritz, Grundformen der Angst, 44. Aufl. München 2019.
54. Röhl, Prof. em. Dr. Klaus F. Rechtssoziologie-online, § 69: Der systemtheoretische Ansatz, https://rechtssoziologie-online.de/kapitel-13systemtheoretische-erklarungsansatze/%C2%A7-69der-systemtheoretische-ansatz/, abgerufen am 26.08.2020.
55. Ruchhöft, Matthias/Wilke, Matthias, Mobiles Arbeiten, Frankfurt 2017.
56. Christian Saehrendt/Stehen T. Kittl, Das kann ich auch!, 2007.
57. Sauter, Prof. Dr. Werner/Staudt, Franz-Peter, Strategisches Kompetenzmanagement 2.0, Wiesbaden 2015.
58. Schein, Edgar H., Organisationskultur und Leadership, 5. Aufl. München 2018.
59. Scheller, Torsten, Auf dem Weg zur agilen Organisation, München 2017.
60. Schulte, Thomas, Coaching – das Einsteigerbuch, Stuttgart 2020.
61. Schulz, Prof. Dr. Martin/Schunder-Hartung, Dr. Anette et. al., Gestern, heute, morgen …, in Schulz, Prof. Dr. Martin/Schunder-Hartung, Dr. Anette (Hrsg.), Recht 2030, Frankfurt a. M. 2019, 417.
62. Schunder-Hartung, Dr. Anette, Die attraktive Kanzlei 2020, https://aha-kanzleientwicklung.de/videos/.

63. Schunder-Hartung, Dr. Anette, Erfolgsfaktor interne Kanzleikommunikation, in: Schulz, Prof. Dr. Martin/Schunder-Hartung, Dr. Anette (Hrsg.), Recht 2030, Frankfurt a. M. 2019, 335.
64. Schunder-Hartung, Dr. Anette, Erfolgsfaktor Kanzleiidentität, Wiesbaden 2020.
65. Schunder-Hartung, Dr. Anette, Neue Handlungsmuster für das digitale Zeitalter, in: Schulz, Prof. Dr. Martin/Schunder-Hartung, Dr. Anette (Hrsg.), Recht 2030, Frankfurt a. M. 2019, 1.
66. Schunder-Hartung, Dr. Anette, Ein Indianer kennt keinen subjektiven Tatbestand, GP Special Kapitalmarktrecht 2018, 60.
67. Schunder-Hartung, Dr. Anette, Richtig reden: Wie Sie durch bessere Kollegenansprache mehr erreichen, GP Special Kapitalmarktrecht 2019, 72.
68. Siegrist, Ulrich/Luitjens, Martin, 30 Minuten Resilienz, Offenbach 2011.
69. Sprenger, Reinhard K., Mythos Motivation, 19. Aufl. Frankfurt 2010.
70. Sprenger, Reinhard K., Radikal Digital, München 2018.
71. Sternad, Professor Dr. Dietmar, Strategieentwicklung kompakt, Wiesbaden 2015.
72. Stewart, Ian/Joines, Vann S., Die Transaktionsanalyse, Freiburg i. Br. 2009.
73. Uebernickel, Falk/Brenner, Walter/Pukall, Britta/Naef, Therese/Schindlholzer, Bernhard, Design Thinking, Frankfurt am Main, 2015.
74. von der Weien, Petra, Coaching eines Mitarbeiters im Rahmen von Change-Projekten, in: Recker, Ingo/von der Weien, Petra (Hrsg.), Mediation, Moderation und Coaching, Baden-Baden 2019.
75. Watzlawick, Paul, Die Axiome, https://www.paulwatzlawick.de/axiome.html, abgerufen am 26.08.2020.
76. Weimann, Jürgen, Die Portfolio-Analyse am Beispiel der BCG-Matrix, Norderstedt 2011.
77. Whitmore, John, Coaching für die Praxis, 1. Auflage der neu überarbeiteten und erweiterten 3. Ausgabe, Köln 2006.

# 3

# Weiterführende Erwägungen

> **Was Sie aus diesem Kapitel mitnehmen**
>
> - Arbeiten mit SAM: Ein dynamischer Prozess, in dem systematisches Arbeiten den Freiraum für neue Entwicklungen fördert
> - Wie Sie Agilität entwickeln und neue Freiräume schaffen
> - Welche grundlegende Rolle dabei ein entsprechender Werte- und Haltungskanon hat
> - Wie eng Agilität und digitale Anwendungen miteinander verknüpft sind
> - Praktische Tipps für mobile Konferenzen
> - Die drei Fortbildungs-T: timely, transformative, trusting

## 3.1 Strukturiertes Arbeiten schafft neue Freiräume

Strukturiertes und modernes, flexibles Arbeiten im hier beschriebenen Sinne schließen einander nicht aus – im Gegenteil: Nach allem bisher Gesehenen unterstützen sie sich gegenseitig. Je systematischer Ihre alltäglichen Klärungsprozesse ablaufen, desto größer ist Ihr Freiraum zur Entwicklung neuer Vorhaben. Auch agiles Arbeiten lässt sich in diesen Prozess integrieren.

Unter dem Strich wirkt das strukturierte Arbeiten damit ein wenig wie das Gerüst am Bau: Wenn Sie darauf verzichten, kommen Sie über eine bestimmte Höhe nicht hinaus. Sowohl die Qualität als auch das Ansehen Ihres Hauses leiden – innen und außen.

> **Tipp**
> Führen Sie ein – idealerweise wöchentliches – Erfolgsjournal. Die Erfolge mit Ihrer neuen Arbeitsweise können Sie ebenso dokumentieren wie die Maßnahmen, die Sie für Ihre herkömmlichen Geschäftsberichte nachhalten.

## 3.2 Agilität lässt sich entwickeln

Nähern Sie sich vor dem Hintergrund all dessen, was wir bisher gesehen haben, dem „agilen Formenkreis" an. Vorneweg gilt: Ohne eine „agile Haltung" geht es nicht. Menschen, die sich jahrelang in einem hierarchischen Umfeld bewegt haben, werden sich schwer tun, sich quasi im Handumdrehen zum kommunikativ starken, verständigen, auf Kompromisse schwörenden Teamplayer zu transformieren. Entsprechend umsichtig müssen Sie vorgehen – denn: „Wer hierarchische Strukturen abbaut, ohne neue[1] Regeln vorzugeben, landet im Chaos".[2]

Zu beachten ist ferner, dass aufgrund seiner Persönlichkeitsstruktur eben nicht jeder Mensch geneigt ist, agiles Arbeiten umgehend als das non plus Ultra zu empfinden: Die Hälfte der Mitarbeiter sind damit zufrieden, Anweisungen auszuführen. Und auch die andere Hälfte, die den Neuerungen zugewandten Mitarbeiter, werden ihre Rolle finden müssen. „Wer auf einmal hierarchische Strukturen und Systeme abbaut, aber keine neuen schafft, die künftig vorgeben, wie sich selbstgesteuerte Teams

---

[1] Unter Abschn. 2.1.1 näher beschrieben.
[2] Claudia Obmann, Führung durch die Mitarbeiter: Die größten Irrtümer über agiles Management, Handelsblatt 20.06.2020 unter Verweis auf Frederic Laloux, Reinventing Organizations visuell: Ein illustrierter Leitfaden sinnstiftender Formen der Zusammenarbeit, München 2017.

bilden, wie Rollen definiert und zugewiesen werden, wie man zu einem Job kommt oder ihn wieder verliert und wie Entscheidungen getroffen werden, landet geradewegs im Chaos".[3]

Agile Strukturen müssen sodann nicht nur untereinander, sondern womöglich mit nicht agil arbeitenden Unternehmensteilen zurechtkommen.

- Ist die Sprache die gleiche?
- Wem muss ich welche Mitteilung machen?
- Mit wem habe ich mich abzustimmen?

All das sind wichtige Fragestellungen, deren Beantwortung nicht dem Zufall überlassen werden darf. Dies wiederum mündet in der Vervielfältigung der Kommunikationserfordernisse. Ob die Lösungen dafür nun „lean" oder „agile" heißen, sollte dabei nicht so wichtig sein.

Es ist zu beachten, dass Rechtssicherheit und die Einhaltung von Compliance- und Governance-Regeln, die insbesondere in einem Konzernverbund nicht wegzudenken sind, weiterhin handlungsführend bleiben müssen.[4] Der gesamtunternehmerische Erfolg darf nicht gefährdet werden. Es gibt also Notwendigkeiten, die Sie auch in einer agilen Unternehmensorganisation bedienen müssen.

Gleichwohl: Das alles ist machbar.

## 3.2.1 Selbstorganisation lässt sich nicht erzwingen

In Unternehmen kann es agil und nicht agil organisierte Teams geben. Das hängt zum einen von den Aufgabenstellungen ab, zum anderen von den Mitarbeitern. Alle Mitarbeiter müssen sich mit agilen Methoden und den Zielen einer selbstlernenden Organisation angeleitet auseinandersetzen dürfen. Es gibt Mitarbeiter, die mit der Selbstorganisation keine Schwierigkeiten haben und Dank einer gewissen Eigenorganisiertheit gut zurechtkommen. Andere Mitarbeiter hingegen haben Schwierigkeiten und sind auf direkte Anweisungen bzw. genaue Vorgabe von Bewegungs-

---

[3] S. Claudia Obmann 2020.
[4] S. zum Compliance-Bereich bereits unsere Ausführungen unter Abschn. 1.1.

grenzen angewiesen. Transparenz, Methodenkenntnis, intensive Begleitung und flankierende Hilfestellung durch gezielte Coaching-Maßnahmen sind hilfreich.

### 3.2.2 Selbstorganisation ist nicht Selbstverwirklichung

Um zu vermeiden, dass unbeliebte Aufgaben liegen bleiben, können Sie beispielsweise „daily stand-ups" einrichten. In diesen täglich stattfindenden Teambesprechungen werden Aufgaben besprochen und verteilt. Fällt ein Mitarbeiter mit Unregelmäßigkeiten oder fehlendem Auslastungsgrad auf, regelt das Team das. Sollte es fortwirkende Schwierigkeiten geben, hat der „Team Owner" Möglichkeiten, regulierend einzugreifen.

Wichtig ist, die zu vergebenden Rollen im Team genau zu definieren, damit die „End-to-End"-Verantwortung aller Prozesse, in denen das Team (Teil-)Verantwortung trägt, auch gelebt werden kann. Problematisch wird es, wenn die Rollen, die bei den Mitarbeitern nicht auf große Gegenliebe stoßen, drohen, keinen Übernehmer zu finden. Diese Schwierigkeit ist die erste Hürde, die ein selbstorganisiertes Team zu nehmen hat. Starten kann nämlich dieses Team erst, wenn alle Rollen vergeben sind und die Verantwortlichkeit rundum verteilt und sichergestellt ist.

### 3.2.3 Cheflos ist nicht führungslos

Ein Ziel steht fest: Das Ergebnis muss stimmen. Mitarbeiter mit verschiedenen Erfahrungsständen kommen im Team zusammen und müssen versuchen, sich als Gruppe zu finden. Erfahrene Mitarbeiter und weniger erfahrene Mitarbeiter stellen dabei über kurz oder lang fest, dass beispielsweise die Prioritätensetzung nicht immer gleich gesetzt werden. Das hat zur Folge, dass in weiterer Abstimmung Differenzen über die Vorgehensweise zu klären sind. Geschieht das nicht, wird das fehlende führende Element des Vorgesetzten dem Team zum Verhängnis. Die Mitarbeiter arbeiten an verschiedenen Themen. Die Ineffizienz steigt, womöglich unbemerkt, an und der Misserfolg ist vorprogrammiert. Eigentlich ist das keine besonders überraschende Erkenntnis, aber auch hier sind die regelmäßige Reflexion und die anschließende Feinjustierung unabdingbar. Das setzt ein gehöriges Maß an Selbstdisziplin und Kritikfähigkeit des Einzelnen voraus, da ja nicht nur die Arbeitsleistung, sondern zuvörderst das Ergebnis kritisch hinterfragt wird. Das vertrauensbildende Element bekommt dadurch eine besondere Bedeutung.

> **Tipp**
> Jede Transformation beginnt mit den Führungskräften. Das schließt den Unternehmensführer ausdrücklich mit ein. Lassen Sie sich beraten und entwickeln Sie Ihre eigene Grundhaltung, gewissermaßen Ihr eigenes „Mindset".

### 3.2.4 Wege aus der Sackgasse

Bei der Auswahl von neuem Personal sollte im Vorfeld Einigkeit darüber bestehen, welche Kompetenzen, Fähigkeiten und persönliche Haltungen gesucht werden. Ziel muss es sein, einen gemeinsamen Standard festzulegen, der in den Interviews als Grundlage Anwendung findet. So können Sie Personal auf einem Niveau und in einer Qualität anwerben, die den zukunftsorientierten Einsatz für das Unternehmen sicherstellen. Selbstredend muss dieses Personal am Markt verfügbar sein. Sollte das nicht der Fall sein, muss geklärt werden bei welchen Kompetenzen, Haltungen oder Fähigkeiten zuerst weniger ausgeprägte Stärken hingenommen werden können. Abstimmung zwischen den agierenden Interviewpartnern ist wichtig, damit von Anfang an auf die erforderlichen Kom-petenzen hin befragt werden kann.

Bei Bestandspersonal stellt sich bei Umsetzung agiler Konzepte immer die Frage, was den Mitarbeitern mitgegeben werden muss, damit bestmöglich die Transformation hin zur Organisationsänderung geschaffen werden kann. Auch hierzu empfiehlt es sich, die Kriterien gut durchdiskutiert zu haben, damit die Entwicklungspfade der einzelnen Mitarbeiter zielgerichtet angegangen werden können. Ziel ist es, dass Sie jedem Mitarbeiter die gleichen Chancen einräumen können.

Durch bilaterale Personalgespräche sollte der Ist-Zustand praxisAFFIN[5] festgestellt werden. Sie müssen ja das Verständnis, wozu eine Transformation mit dem Ziel der Organisationsveränderung hin zu einer agilen Organisation vollzogen wird, schaffen. Das ist ein harter und stetiger Prozess der Überzeugung, in dessen Verlauf Sie die Mitarbeiter dahin entwickeln möchten, dass die Transformation von möglichst vielen Mitarbeitern getragen wird. Hierzu werden Entwicklungspläne gemeinsam mit dem Mitarbeiter durch einen Selbstbild-Fremdbild-Abgleich erstellt. Es muss die bestmögliche Unterstützung durch das Unternehmen erfolgen.

Eprimo als unser agiler Beispielgeber hatte hierzu als Vertriebsgesellschaft schon 2016 ein Gerüst erstellt, das dem Unternehmen bis heute als Grundlage für die Fortentwicklung der selbstlernenden Organisation dient. Die wesentlichen Aspekte daraus sind folgende:

- Die Führungskräfte und die Mitarbeiter wissen über die Strategie des Unternehmens Bescheid.
- Daher sind sie sich sehr gut darüber im Klaren, *was* sie zu tun haben.
- Das Kompetenzmodell soll Leitlinie sein, *wie* sie miteinander arbeiten wollen, um erfolgreich zu sein und leistungsfähig zu bleiben. Diese saubere Trennung zwischen Inhalten und Methodik entspricht dem, was wir in diesem Buch schon mehrfach[6] ausgeführt haben.
- Die Strategie (der „Purpose") und die Werte bilden den bisherigen Rahmen und werden durch die Transformation in die sich bildende neue Organisation übernommen und weiterentwickelt, soweit das erforderlich erscheint. Die Kompetenzbeschreibungen sind mit eprimo abgestimmt und stammen aus konsistenten, validierten Modellen.
- Haltungen und Kompetenzen eignen sich beispielsweise für Führungskräfte-Feedback, Mitarbeitergespräche und den Dialog (Leistungsdialog) im operativen Alltag.

In Tab. 3.1 stellen wir Ihnen im Anschluss an unsere grundlegenden Ausführungen die weiterführende Architektur mit Werten und Haltun-

---

[5] S. hierzu Abschn. 2.1.3.
[6] Unter Abschn. 2.1.

**Tab. 3.1** eprimos Werte-, Haltungs- und Kompetenzkanon

| Werte/Haltungen | Kompetenzen der Mitarbeiter + Führungskräfte |
|---|---|
| dynamisch – engagiert | - entscheidungsstark<br>- tatkräftig<br>- resilient |
| glaubwürdig – verlässlich | - glaubwürdig<br>- verlässlich |
| fröhlich – menschlich | - humorvoll<br>- empathisch |
| unkompliziert | - kontaktfähig<br>- organisiert |
| flexibel (agil) – kreativ | - einfallsreich<br>- anpassungsfähig |
| kooperativ – lösungsorientiert | - teamorientiert<br>- effektiv |
| führend | - unternehmerisch<br>- orientierungsgebend<br>- veränderungskompetent<br>- motivierend & fördernd<br>integrierend |

gen einerseits, Kompetenzen andererseits dar, mit der sich eprimo in der Praxis eine Struktur gegeben hat. Dabei achtet das Unternehmen im Sinne eines konsequent praxisAFFINen Nachhaltens darauf, dass es sich auf diesen Kanon verständigen kann und will sich bei seinem täglichen Handeln daran orientieren.

Was die Kompetenzen der Mitarbeiter und Führungskräfte im Detail bedeuten (Verhaltensmarker), verdeutlicht die Tab. 3.2.

Dazu kommen zusätzlich fachliche Kompetenzen, die in Tab. 3.3 anhand eines Beispiels aufgezeigt werden.

Mitarbeiterauswahl muss sich an feststehende Kriterien halten. Ferner muss die Mitarbeiterentwicklung sich an diesen Kompetenzen und Fähigkeiten orientieren. Wird dies nicht beachtet, kann sich mittel- und langfristig ein Qualitätsverlust einstellen. Eine Standortbestimmung ist immer wieder erforderlich. Fähigkeiten und insbesondere Haltungen sind heute wichtiger denn je.

Eine besondere Bedeutung kommt einer qualitativ hochwertigen und strukturell ausgerichteten Fort- und Weiterbildung zu. Es ist darauf zu achten, dass eine Planung abgestimmt auf die tatsächlichen Mitarbeiter-

**Tab. 3.2** Verhaltensmarker

| | |
|---|---|
| I.  | **dynamisch – engagiert** |
| entscheidungsstark | - kann sich im Zweifel rechtzeitig für etwas Bestimmtes entscheiden |
| | - kommt auch in schwierigen Situationen schnell und sicher zu einer Entscheidung |
| | - führt notwendige Klärungen aktiv herbei |
| tatkräftig | - vertraut bei Aktivitäten den eigenen Fähigkeiten und nimmt Risiken in Kauf |
| | - erhöht eigene Anstrengungen nach dem Grad der Herausforderung |
| | - investiert die persönliche Arbeitskraft in Aktivitäten, die das Team voranbringen |
| resilient | - geht regelmäßig regenerativen Aktivitäten nach |
| | - kann sich nach situativen Anstrengungen während eines Arbeitstages gut wieder erholen |
| | - kann mit Stressfaktoren umgehen und befindet sich in leistungsfähiger Verfassung |
| II. | **glaubwürdig – verlässlich** |
| glaubwürdig | - sagt anderen grundsätzlich die Wahrheit |
| | - gibt zu, wenn er etwas nicht weiß |
| | - zeigt anderen, wenn er sich geirrt hat bzw. sie sich geirrt haben |
| verlässlich | - erledigt die Arbeitsaufgaben zum vereinbarten Zeitpunkt in der vereinbarten Qualität |
| | - nimmt pünktlich und gut vorbereitet an Meetings und Teamaktivitäten teil |
| | - erledigt Aufgaben erfolgreich mit minimalem Zeitaufwand |
| III. | **fröhlich – menschlich** |
| humorvoll | - zeigt auch in schwierigen Situationen einen angemessenen Sinn für Humor |
| | - versucht, andere mit Anekdoten oder humorvollen Bemerkungen aufzuheitern |
| | - kann über eigenes Verhalten und persönliche Erlebnisse herzlich lachen |
| empathisch | - kann fühlen, was in anderen vor sich geht |
| | - kann sich leicht in die Gemütsvorgänge anderer einstimmen |
| | - ist sich schnell im Klaren bezüglich der Gedanken und Gefühle anderer |
| IV. | **unkompliziert** |

(*Fortsetzung*)

**Tab. 3.2** (Fortsetzung)

| | |
|---|---|
| kontaktfähig | - sucht und bietet Kontakt und Nähe an<br>- baut vertrauensvolle Beziehungen auf<br>- entwickelt Vertrauen gegenüber anderen |
| organisiert | - hat schnell Zugriff auf Informationen, die für die persönlichen Aufgaben relevant sind<br>- ist aktiv, um seine Rolle im Team einzunehmen und die Arbeitsprozesse zu verbessern<br>- steuert Arbeitsprozesse bewusst nach Dringlichkeit, Wichtigkeit und Nutzen und kollaboriert |
| V.<br>einfallsreich | **flexibel (agil) – kreativ**<br>- ist bestrebt, neuartige, ungewöhnliche Lösungen zu finden<br>- ist kreativ in den Belangen des Aufgabengebiets<br>- gilt als kreativ bezüglich der persönlichen Aufgaben |
| anpassungsfähig | - reagiert richtig/wirksam, wenn die Bedingungen sich verändern und stimmt sich ab<br>- richtet Aktivitäten an den aktuellen Erfordernissen aus (OKR) |
| VI.<br>teamorientiert | **kooperativ – lösungsorientiert**<br>- ist kontinuierlich Ansprechpartner für andere und unterstützt sie<br>- unterstützt die Anregungen und Vorschläge anderer Teammitglieder<br>- stimmt die eigenen Aktivitäten mit den relevanten Personen ab |
| effektiv | - kann Ziele mit relativ geringem Aufwand flexibel erreichen<br>- schlägt einfache, wirkungsvolle und variantenreiche Lösungen vor<br>- sieht lohnenswerte Nebeneffekte und zusätzliche Möglichkeiten (Synergien) |
| VII.<br>unternehmerisch | **führend**<br>- erkennt Optimierungspotenziale und initiiert Veränderung in Richtung Strategie und Purpose<br>- ist aktiv im Prozess zur Erstellung der Quartals (OKR)<br>- verfolgt strategierelevante Veränderungen und beeinflusst zukünftige Entwicklungen |

(*Fortsetzung*)

**Tab. 3.2** (Fortsetzung)

| | |
|---|---|
| orientierungsgebend | - ist durch Haltung, Verhalten und Arbeitsleistung ein Motivator und Vorbild<br>- setzt sich aktiv dafür ein, dass Werte und Selbstverständnis gelebt werden |
| veränderungskompetent | - fördert die Verbindung aller Mitarbeiter untereinander und zu Partnern<br>- kommuniziert mit Mitarbeitern hinsichtlich ihrer Leistung und den aktuellen Anforderungen<br>- sorgt dafür, dass Mitarbeiter entsprechend der Strategie lösungs-, kunden-, und ergebnisorientiert handeln |
| motivierend & fördernd | - steht kontinuierlich im Dialog mit Mitarbeitern zu ihrer beruflichen Entwicklung<br>- sorgt für gute Entwicklungsmöglichkeiten der Mitarbeiter innerhalb der betrieblichen Rahmenbedingungen<br>- spricht mit Mitarbeitern über Arbeitszufriedenheit und trägt dazu bei, sie hochzuhalten |
| integrierend | - geht integrierend auf Schwierigkeiten und Probleme der Mitarbeiter zu<br>- bringt gegensätzliche Interessen und Bedürfnisse der Mitarbeiter in Einklang<br>- ist erfolgreich, bestehende oder bevorstehende Konflikte zu lösen |

bedürfnisse erfolgt. Als Grundlage können Eigen-/Fremdbild aus strukturiert geführten Mitarbeitergesprächen dienen. Dabei ist darauf zu achten, dass eine methodenbezogene und eine fachliche Fortbildung gleichermaßen zum Zug kommen können. Eine strukturierte Fort- und Weiterbildung der Belegschaft kommt dem Unternehmen zu Gute.

## 3.3 Agilität und digitale Anwendungen brauchen einander

Durch die Covid-19-Pandemie wurden viele Mitarbeiter, was bisher unmöglich schien, von ihren Arbeitgebern nach Hause geschickt. Homeoffice wurde für Millionen von Arbeitnehmern über Nacht zum beruflichen Alltag. So schnell zu Beginn der Pandemie zur Aufrechterhaltung vieler

**Tab. 3.3** Fachliche Kompetenzen anhand eines Beispiels

| VIII. | fachlich |
|---|---|
| juristische Fähigkeiten | - juristische Ausbildung mit weiterführendender Fachausbildung |
| analytisches Denkvermögen | - unterscheidet wesentliche von unwesentlichen Parametern |
| | - erfasst komplexe Probleme und entwickelt eigenständig einen Lösungsansatz |
| | - kennt die Wechselbeziehungen in verschiedenen Abteilungen und vermittelt deren Interessen und Bedürfnisse auf dieser Basis |
| Kommunikationsfähigkeit | - kommuniziert professionell und freundlich mit den Kunden (intern/extern) und handelt dabei im Interesse des Unternehmens |
| | - agiert als juristische Schnittstellenfunktion und achtet dabei auf den regelmäßigen Austausch von Informationen zwischen verschiedenen Abteilungen |
| | - kommuniziert regelmäßig mit den operativ Verantwortlichen, um aktuelle Entwicklungen im Sachverhalt zu erhalten und diese zu berücksichtigen |

Geschäftsbetriebe die Verlagerung ins Homeoffice erforderlich wurde, so schwierig gestalten sich aktuell die Konzepte zur Rückkehr zur Normalität.

Unternehmen und Belegschaft Fragen sich entsprechend: Wann und wie geht es wieder zurück ins Büro? In vielen Unternehmen wird in den Krisenmanagementteams nunmehr an Rückkehrszenarien gearbeitet. Dabei spielen die Einhaltung von Hygienevorschriften und Abstandsregeln die tragende Rolle. Der Umgang mit der Rückkehr spiegelt die Unternehmenskultur wider und ist eine große Aufgabe für Führungskräfte. Covid-19 stellt alle Arbeitgeber, die Homeoffice ermöglicht haben, nun vor dieselben Herausforderungen. Das ökonomische Interesse an der bestmöglichen Wiederaufnahme der Arbeit im Unternehmen muss abgewogen werden mit der arbeitsvertraglichen Schutz- und Fürsorgepflicht des Arbeitgebers. Wer mehr Kontakte anordnet, erhöht auch das Risiko einer Infektion am Arbeitsplatz.

Ist es daher nicht ein Gebot der Stunde, die im Wege des richtigen „einfach Machens" eingeführten Homeoffice-Regeln in weniger strikte

Vereinbarungen zum „mobilen Arbeiten"[7] münden zu lassen oder zu überführen, um damit den sich abzeichnenden Streitpunkt im Vorfeld zu entschärfen oder gar aufzulösen?

Die Mitarbeiter haben sich ein Gutteil von der Arbeit im Unternehmen entwöhnt. Wenn Menschen sich an Freiheiten gewöhnt haben, wird es schwierig, diese wieder einzuschränken. Eine gute Führung ermöglicht den Diskurs darüber unternehmensweit. Dieser Diskurs kann sehr fruchtbar für die Weiterentwicklung des Unternehmens genutzt werden. Mobiles Arbeiten würde als Stütze für Agilität und fortschreitende Digitalisierung die Grundlage und den Rahmen bilden. Mitarbeiter wären mit einem neuen Instrument an das Unternehmen, getragen durch eine vertrauensbildende Maßnahme, gebunden.

Bei den Führungskräften könnte die „Spreu vom Weizen" getrennt werden und der Gedanke reifen, ob weniger nicht mehr wäre. Die durch Covid-19 ausgelöste Dynamik wird damit zu einer herausfordernden Managementaufgabe mit hohem gestalterischem Wert.

Kombiniert mit den Gedanken, ein Unternehmen auf dem Weg in die Agilität und Digitalisierung zukunftsorientiert zu beschleunigen, bietet uns die Pandemie damit eine große Chance des Umdenkens. Die Gunst der Stunde liegt darin, diese Chance zu erkennen.

> **Tipp**
> Auch hier gilt wieder: Schrecken Sie nie vor dem ersten Schritt zurück – dass Sie Fehler machen dürfen, ist der Agilitätskultur immanent.

## 3.4 Mobile Konferenzen sind kein Hexenwerk: Tipps für Ihre Moderation

Um Sie im mobilen Bereich zu unterstützen, wenden wir uns auch in diesem Kapitel noch einmal den Videokonferenzen als Herzstück zu. Um hier möglichst gut anzukommen, haben wir im Folgenden anhand des Rabis-Leitfadens einige handfeste Hinweise für Sie.

---

[7] U. a. unter Abschn. 2.2.3 erörtert.

- Legen Sie sich ein Taschentuch oder Wattepad bereit, um vor ihrem Gespräch feuchte oder fettige Hautstellen – wie zum Beispiel auf Stirn und Nase – zu trocknen (Touch-Up). Glänzende Stellen lassen Personen in Videos schnell ungepflegt wirken.
- Positionieren Sie sich möglichst nach der Ein-Drittel-Zwei-Drittel-Regelung vor der Kamera. Dies bedeutet, dass sie möglichst nicht zentriert im Bild sitzen sollten, sondern sich eher entweder links oder rechts im Bildausschnitt befinden. Über ihrem Kopf sollte bis zum oberen Bildausschnitt eine Handbreit Platz sein. Positionieren Sie die Kamera also so weit von sich entfernt, dass Sie mit vollständigem Gesicht bis hin zur Taille sichtbar sind. Das ist ein gewohntes Szenario, dass wir alle aus den täglichen Nachrichten im Fernsehen kennen.
- Achten sie auf eine gerade Sitzhaltung. Um diese zu erreichen, empfiehlt sich z. B. ein ausreichend hoher Gummiball als Sitz.
- Schauen Sie durchgehend in die Kamera, denn nur dann wirkt es für ihr Gegenüber auch wirklich so, als wenn Sie den direkten Blickkontakt suchen und pflegen. Für Neulinge ist das sicher etwas ungewohnt, aber auch hier gibt es eine kleine Hilfestellung: Positionieren Sie neben oder über der Kamera ein farbiges Post-it als Hingucker. Dieses Hilfsmittel setzen das TV-, Medien- und PR-Berater beim Interviewtraining gerne ein.
- Im Umkehrschluss bedeutet das, dass sie den Bildausschnitt, in dem Sie ihr Gegenüber sehen, möglichst nah an ihrer Kameralinse positionieren sollten. Dadurch vermeiden Sie unangenehme oder schweifende Blickwechsel.
- Legen Sie sich schon im Vorfeld alle Dokumente bereit, die Sie für ihre Videokonferenz benötigen. Hierzu zählen natürlich auch Webseiten oder Videos, die Sie gegebenenfalls mit anderen teilen oder diesen präsentieren möchten. Wenn Sie mit mehreren Bildschirmen arbeiten, rufen Sie die entsprechenden Seiten auf den anderen Schirmen vor Beginn der Videoübertragung auf.
- Stellen Sie sich ein Getränk (idealerweise ein Glas stilles Wasser) bereit, um einem trockenen Mund vorzubeugen.
- Achten Sie auf ein unternehmenskonformes Erscheinungsbild (Kleidung etc.).

- Achten Sie darauf, dass der Raum ausreichend hell ausgeleuchtet ist. Schatten auf Gesichtern werden als sehr unangenehm empfunden. Sollten Sie also beispielhaft ein Fenster im Hintergrund haben, empfiehlt es sich, das Gesicht durch eine zusätzliche Lichtquelle von vorn auszuleuchten.
- Zusatzmikrofone (etwa Tischmikrofone) sollten möglichst nicht im Bildausschnitt sichtbar sein.
- Achten Sie auf einen neutralen Hintergrund, der aufgeräumt und ordentlich ist.
- Durch die o. a. Drittelregelung kann im freien Bereich durchaus ein Firmenlogo platziert werden. Hierzu eignen sich unter anderem vom Unternehmen bereitgestellte Roll-Ups, die im Bild platziert werden können. Das ist im Übrigen eine Maßnahme, die sich durchaus als einheitliches Erscheinungsbild in Videokonferenzen etabliert hat – gerade wenn man regelmäßig im Homeoffice oder im Mobile Office tätig ist.

In diesem Zusammenhang mahnen wir allerdings in einem Punkt zur Zurückhaltung: Manche Anbieter von Video Streaming-Portalen bieten die Möglichkeit, vorhandene Hintergründe digital herauszurechnen und durch Fotos zu ersetzen. Dieses Verfahren nennt man Screening, es basiert auf der Berechnung einer Hauptfarbe. Gedacht ist diese Technologie für Teilnehmer, die über einen so genannten Green Screen (früher auch: Blue Screen) verfügen. Dabei handelt es sich um einen vollflächig einfarbigen Hintergrund, den diese Technologie anhand einer darauf abgestimmten Raumausleuchtung via Chroma-Keying herausrechnen kann.

Tatsächlich finden Sie die Green Screen-Technologie auch häufig in professionellen Film- oder Videostudios. Sind ein solcher Hintergrund und eine darauf abgestimmte Raumausleuchtung (mit Kopflichtern etc.) jedoch nicht vorhanden, kommt es häufig zu unschönen Verfälschungen des Gesamtbildes. Da verschwinden Körperteile oder Haare, Konturen verschwimmen bzw. werden von einer farbigen Linie umrahmt, wenn sich die Hintergrundfarbe in Kleidung oder Raumelementen wiederfindet. Hier kommt es dann zum so genannten Ghosting Effekt, den wir alle aus den Filmen wie Raumschiff Enterprise kennen. Beam me up, Scotty!

Kurz und gut: In ihrer „normalen" Unternehmenskommunikation sollten derartige Experimente unterbleiben; stattdessen konzentrieren Sie sich auf ein sauberes vorhandenes Hintergrundszenario.[8]

## 3.5 Bilden Sie sich (und andere) fort

Ein dringender Appell zum Schluss: Auch dann, wenn Sie als Dienstleister schon mitten im Berufsleben stehen – Bilden Sie sich und ihre Mitarbeiter weiter! „Am Ball bleiben" heißt nach allem, was Sie jetzt wissen, *nicht nur fachlich, sondern ebenso sehr konzeptionell* auf der Höhe zu bleiben. Keinesfalls dürfen Sie dem Trugschluss erliegen, dass es schon *irgendwie weitergeht*, nur weil es *irgendwie geht*. Oder, um es mit dem vor einiger Zeit verstorbenen Atomphysiker Stephen Hawking zu formulieren: „Der größte Feind des Wissens ist nicht Unwissenheit, sondern die Illusion, wissend zu sein".[9] Vermeiden Sie diese Illusion!

Dazu wünschen wir Ihnen „drei T": nämlich ein Mindset, das zeitnah oder „timely" ans Werk geht und vor neuen – „transformativen" – Wegen nicht zurückschreckt, sondern zuversichtlich oder „trusting" ist. Es begleitet Sie auf Ihrem Weg mit SAM – auf dem wir Ihnen viel Spaß und Erfolg wünschen!

> Ihr Transfer in die Praxis
> - Arbeiten Sie strukturiert. Strukturiertes Arbeiten schränkt Sie als Dienstleister nicht ein, sondern bietet Ihnen ein Gerüst, das Ihr Geschäft stabilisiert und Ihnen neue Freiräume verschafft.
> - Bedenken Sie stets: Agilität ist ein Entwicklungsprozess ohne Absolutheitsanspruch – soweit Sackgassen auftreten, gibt es viele praktikable Auswege.
> - Die Entwicklung personeller Haltungen und Kompetenzen spielt eine zentrale Rolle. Dabei liegen Agilität, Digitalität und Mobilität unmittelbar beieinander.
> - Der Praxistipp „Üben, üben, üben!" gilt auch in der (Außen-)Kommunikation. Moderationen funktionieren besser bei Einhaltung bestimmter Kniffe.
> - Bleiben Sie niemals stehen, wo Sie schon sind – bilden Sie sich fort.

---

[8] S. hierzu auch unsere Ausführungen zu Videoformaten unter Abschn. 2.3.7.
[9] https://www.sueddeutsche.de/wissen/zum-tod-von-stephen-hawking-in-meinem-kopf-bin-ich-frei-1.3905397, abgerufen am 26.08.2020.

## Literatur

1. Laloux, Frederic, Reinventing Organizations visuell: Ein illustrierter Leitfaden sinnstiftender Formen der Zusammenarbeit, München 2016.
2. Obmann, Claudia, Führung durch die Mitarbeiter: Die größten Irrtümer über agiles Management, Handelsblatt vom 20.06.2020.
3. https://www.sueddeutsche.de/wissen/zum-tod-von-stephen-hawking-in-meinem-kopf-bin-ich-frei-1.3905397, abgerufen am 26.08.2020.

# 4

# SAM in der Nussschale

> **Was Sie aus diesem Kapitel mitnehmen**
>
> - Was SAM im Einzelnen für Sie bedeutet
> - Worauf Sie unter dem Strich von nun an unbedingt achten sollten

Kurz gesagt, oder, um einen beliebten Anglizismus zu verwenden, „in a Nutshell", nehmen Sie zu SAM bitte Folgendes mit:

„S" wie „systematisches Arbeiten" bedeutet inhaltlich klare Strukturen zu leben, Soft Skills zu trainieren und kluge Vorgehensweisen einzuüben. Dabei können Sie auch schon agile Methoden wie Design Thinking und Double Diamond praktizieren. Im Einzelnen raten wir Ihnen vor allem,

- eine attraktive Unternehmensvision zu finden,
- glaubwürdige Unternehmenswerte zu formulieren,
- SMARTe Unternehmensziele festzulegen,
- SMARTe Ziele in Kennzahlen zu übersetzen,

- die Mechanismen durchschauen zu lernen, mit denen Sie als Absender Ihrer Botschaften wirklich Gehör finden,
- auf unterschiedliche Persönlichkeitstypen in unterschiedlicher Weise einzugehen,
- sich nach dem ANETTE-Prinzip zu positionieren und
- Ihre Arbeitsumgebung entsprechend anzupassen.

Zudem sollten Sie durchweg

- effektiv und effizient arbeiten,
- praxisAFFIN vorgehen,
- Standardverfahren hinzuziehen und
- Fairness-Regeln durchsetzen.

Im Bereich der Soft Skills

- verbessern Sie idealerweise selbst und im Team Ihre persönlichen, sozialen und methodischen Kompetenzen und
- trainieren Sie Motivation, Selbst- und Zeitmanagement.

„A" wie „agil" arbeiten zielt auf eine nachhaltige Strukturänderung: Starre Hierarchien vor Ort weichen in Kombination mit der (teilweisen) Verlagerung hin zu Mobile Offices bzw. Homeoffices einer neuen Steuerungskultur. Sowohl das inhaltliche Bild als auch die Arbeitsmethoden unterliegen im Zuge einer solchen Transformation einem nachhaltigen Wandel. In unserem Buch haben wir sie entlang verschiedener Parameter untersucht, namentlich:

- der Gestaltung einer zielführenden Zusammenarbeit mit dem Betriebsrat,
- aktueller Anregungen durch das Bundesministerium für Arbeit und Soziales,
- neuer, veränderter Weisungsmöglichkeiten des Arbeitgebers und der
- möglichen Konsequenzen für Homeoffice-Regelungen einschließlich der
- Gestaltung entsprechender Vereinbarungen.

## 4 SAM in der Nussschale

Die Auswirkungen in der Praxis mitsamt den Folgen für Führungskräfte und Personalauswahl entnehmen Sie der detaillierten Schilderung unseres tatsächlichen Falles.

Das „M" aus „multimedial" schließlich soll Sie daran erinnern, den heute audiovisuell geprägten Anforderungen des Kommunikations- und Konsumverhaltens aktiv zu begegnen – ganz gleich, ob in der internen oder externen Unternehmenskommunikation. Dies gilt für die komplette multimediale Bandbreite in Wort, Bild und Ton, und zwar auch aus soziodemografische Aspekten. Sowohl juristisch als auch technisch ist Aufmerksamkeit geboten. Behalten Sie sowohl marken- als auch datenschutzrechtliche Anforderungen im Auge. Vor diesem Hintergrund schärfen Sie Ihr Dienstleisterprofil in der Praxis im Wege

- der thematischen Positionierung,
- der Kommunikation von Innovation, Alleinstellung, Anspruch und Wertschätzung,
- von systematischen Zielgruppenuntersuchungen,
- von Analysen mittels Clippings, Umfragen sowie interaktiven Aktionen sowie
- der strategisch vernetzten Unternehmenskommunikation – „digital und analog".

Zudem praktizieren Sie möglichst

- die Integration und Nutzung neuer, digitaler Medien und Plattformen,
- die Präsentation nach dem Rabis-Leitfaden für Videokonferenzen, Webinare und Online-Meetings und
- die Verinnerlichung virtueller Verhaltensregeln für die audiovisuelle Kommunikation.

Rücken Sie sodann Ihren Mehrwert

- durch eine besondere Ansprache aller Beteiligten und Interessenten,
- innovative Formate, aber auch
- markenrechtlich sauber

ins rechte Licht.

Soweit Sie visuell kommunizieren, achten Sie nicht nur darauf, wie Sie optisch ankommen. Auch die Vorgaben der Datenschutz-Grundverordnung müssen Sie kennen. Eine Vielzahl von Anbietern, zwischen denen Sie wählen können, haben wir Ihnen von A wie Arkadin bis Z wie Zoom ebenso vorgestellt wie eine ausführliche Liste technischer To-Does. Denken Sie last but not least bitte unbedingt an eine Suchmaschinenoptimierung und an responsive Applikationen.

Letztere sind wichtig angesichts der weiter zunehmenden Bedeutung mobiler Endgeräte, wie Sie sie auch unserer Norstat-Studie entnehmen können. Diese Studie zu Informations-, Arbeits- und Konsumwegen 2020 haben wir exklusiv für unser Buch anfertigen lassen – Sie finden sie im Anhang.

**Was Sie aus diesem Quick Guide mitnehmen können**

Nur, weil Ihr Dienstleistungsgeschäft bisher funktioniert hat, muss das noch lange nicht so weitergehen. Um den eigenen Fortbestand – und über die nächste Generation auch Ihre eigene Altersversorgung! – zu sichern, ist eine fortwährende Anpassung gefragt. In wirtschaftlich schwierigen Zeiten gilt das nicht weniger, sondern mehr denn je. In inhaltlicher Hinsicht sind Vision, Werte und Ziele zu stärken, auch müssen alle Beteiligten besser als bisher lernen, auf die unterschiedlichen Persönlichkeitstypen einzugehen. Hierzu müssen Sie alle heute etablierten Kommunikationsarten und -kanäle einbeziehen, mit deren Hilfe Sie die Geschäfte gemeinsam gestalten können. Mit Blick auf eine modernere Vorgehensweise gibt es unterschiedliche Verfahren, die jede(r) Dienstleister(in) kennen und beherrschen sollte. Auch die Durchsetzung eines Mindestkanons an Fairness-Regeln mit Blick auf alle Protagonisten, Ihre Interessen und Maßstäbe ist unverzichtbar.

„Mach's noch einmal, S.A.M." – das heißt aber nicht nur, dass Sie in diesem Sinne stets „s" wie systematisch vorgehen sollten. Ebenso unverzichtbar ist das Beherrschen „a"giler Sichtweisen und Praktiken, die dazu nicht in Widerspruch stehen. Schließlich wird künftiges Arbeiten zunehmend „m"ultimedial und dabei häufig auch auf audiovisuellen Kanälen stattfinden. Alle Beteiligten, ob Mitarbeiter oder Führungskräfte, werden ihre Rollen neu definieren und zusammen in eine berufliche Zukunft aufbrechen, die spannend sein wird. Unternehmen werden sich dieser Veränderungsdynamik stellen und die Rahmenbedingungen in ihrer Organisation schaffen müssen. Nur dann bleiben sie attraktive Geschäftspartner und Arbeitgeber. Zu all diesen Aspekten finden Sie in unserem Quick Guide strukturierte, unentbehrliche Handreichungen.

> **Ihr Transfer in die Praxis**
> - Ihr Weg in Ihre strukturierte, agile und multimediale Arbeitsweise von morgen ist ein Entwicklungsprozess – lassen Sie sich durch Rückschläge nicht entmutigen!
> - Die größten Fehler, die Sie begehen können, sind Unterlassungssünden. Denken Sie an unser Eingangszitat von Will Rogers: Selbst wenn Sie auf dem richtigen Gleis sind … wenn Sie da einfach herumsitzen, wird Sie der Zug der Ereignisse irgendwann überrollen. Springen Sie stattdessen auf, und starten Sie als Dienstleister mit Volldampf in die Zukunft.

# Anhang: Norstat-Studie 2020 zu Informations-, Arbeits- und Konsumwegen

## Q01 – Gerätebesitz

Welche der folgenden Geräte besitzen Sie?

| | Umfrage zur Mediennutzung | | | | | |
|---|---|---|---|---|---|---|
| | Gesamt | Frauen | Männer | 18–30 Jahre | 31–45 Jahre | 46+ Jahre |
| Basis | 1007 | 504 | 503 | 232 | 332 | 443 |
| Smartphone | 94.6 % | 95.4 % | 93.8 % | 98.3 % | 94.9 % | 92.6 % |
| Laptop/Notebook | 81.1 % | 83.7 % | 78.5 % | 84.1 % | 86.7 % | 75.4 % |
| Radio | 69.1 % | 66.1 % | 72.2 % | 50.4 % | 73.5 % | 75.6 % |
| Tablet | 57.3 % | 55.4 % | 59.2 % | 54.3 % | 60.2 % | 56.7 % |
| Smart-TV | 56.2 % | 49.8 % | 62.6 % | 49.1 % | 61.1 % | 56.2 % |
| Desktop PC | 45.5 % | 34.5 % | 56.5 % | 42.2 % | 41.9 % | 49.9 % |
| E-Book Reader (z. B. tolino) | 25.7 % | 27.6 % | 23.9 % | 21.1 % | 31.0 % | 24.2 % |
| Sprachassistent (z. B. Alexa) | 23.9 % | 20.6 % | 27.2 % | 21.1 % | 28.0 % | 22.3 % |
| Keines davon | 0.0 % | 0.0 % | 0.0 % | 0.0 % | 0.0 % | 0.0 % |
| Total | 453.5 % | 433.1 % | 474.0 % | 420.7 % | 477.4 % | 452.8 % |

© Der/die Autor(en), exklusiv lizenziert durch Springer Fachmedien Wiesbaden GmbH, ein Teil von Springer Nature 2021
A. Schunder-Hartung et al., *Quick Guide Strategien für Dienstleister*, Quick Guide, https://doi.org/10.1007/978-3-658-31649-5

## Q02 – Tägliche Nutzungshäufigkeit – Medien

Wie häufig nutzen Sie die folgenden Medien?

| | Umfrage zur Mediennutzung | | | | | |
|---|---|---|---|---|---|---|
| | Gesamt | Frauen | Männer | 18–30 Jahre | 31–45 Jahre | 46+ Jahre |
| Basis | 1007 | 504 | 503 | 232 | 332 | 443 |
| Im Internet surfen | 98.4 % | 97.8 % | 99.0 % | 98.7 % | 99.4 % | 97.5 % |
| Fernsehen | 80.9 % | 79.8 % | 82.1 % | 64.2 % | 84.3 % | 87.1 % |
| Radio | 67.5 % | 62.3 % | 72.8 % | 48.7 % | 75.0 % | 71.8 % |
| Soziale Medien (z. B. Facebook, Instagram) | 67.4 % | 64.3 % | 70.6 % | 90.1 % | 72.0 % | 52.1 % |
| Streaming (z. B. Netflix, Spotify) | 53.4 % | 46.8 % | 60.0 % | 83.2 % | 61.7 % | 31.6 % |
| Bücher | 39.1 % | 42.1 % | 36.2 % | 40.5 % | 39.8 % | 37.9 % |
| Zeitschriften oder Zeitungen | 36.3 % | 31.0 % | 41.7 % | 26.3 % | 38.3 % | 40.2 % |
| E-Books | 19.2 % | 19.8 % | 18.5 % | 13.8 % | 23.8 % | 18.5 % |
| Blogs | 12.5 % | 8.9 % | 16.1 % | 11.6 % | 16.9 % | 9.7 % |
| Total | 474.9 % | 452.8 % | 497.0 % | 477.2 % | 511.1 % | 446.5 % |

## Q02.01 – Nutzungshäufigkeit Radio

Wie häufig nutzen Sie die folgenden Medien?

| | Umfrage zur Mediennutzung | | | | | |
|---|---|---|---|---|---|---|
| | Gesamt | Frauen | Männer | 18–30 Jahre | 31–45 Jahre | 46+ Jahre |
| Basis | 1007 | 504 | 503 | 232 | 332 | 443 |
| täglich mehr als 10 Stunden | 2.5 % | 1.8 % | 3.2 % | 2.2 % | 3.0 % | 2.3 % |
| täglich zwischen 5–10 Stunden | 11.8 % | 8.3 % | 15.3 % | 6.9 % | 14.5 % | 12.4 % |

|  | Umfrage zur Mediennutzung | | | | | |
|---|---|---|---|---|---|---|
|  | Gesamt | Frauen | Männer | 18–30 Jahre | 31–45 Jahre | 46+ Jahre |
| Basis | 1007 | 504 | 503 | 232 | 332 | 443 |
| täglich zwischen 1–5 Stunden | 29.0 % | 26.4 % | 31.6 % | 19.0 % | 31.6 % | 32.3 % |
| täglich bis zu einer Stunde | 24.2 % | 25.8 % | 22.7 % | 20.7 % | 25.9 % | 24.8 % |
| seltener | 25.2 % | 31.2 % | 19.3 % | 40.5 % | 19.3 % | 21.7 % |
| nie | 7.2 % | 6.5 % | 8.0 % | 10.8 % | 5.7 % | 6.5 % |
| Total | 100.0 % | 100.0 % | 100.0 % | 100.0 % | 100.0 % | 100.0 % |

## Q02.02 – Nutzungshäufigkeit Zeitschriften oder Zeitungen

Wie häufig nutzen Sie die folgenden Medien?

|  | Umfrage zur Mediennutzung | | | | | |
|---|---|---|---|---|---|---|
|  | Gesamt | Frauen | Männer | 18–30 Jahre | 31–45 Jahre | 46+ Jahre |
| Basis | 1007 | 504 | 503 | 232 | 332 | 443 |
| täglich mehr als 10 Stunden | 0.6 % | 0.8 % | 0.4 % | 0.0 % | 0.6 % | 0.9 % |
| täglich zwischen 5–10 Stunden | 0.7 % | 0.4 % | 1.0 % | 1.7 % | 0.6 % | 0.2 % |
| täglich zwischen 1–5 Stunden | 6.9 % | 4.4 % | 9.3 % | 5.6 % | 5.7 % | 8.4 % |
| täglich bis zu einer Stunde | 28.2 % | 25.4 % | 31.0 % | 19.0 % | 31.3 % | 30.7 % |
| seltener | 49.2 % | 55.8 % | 42.5 % | 54.3 % | 47.3 % | 47.9 % |
| nie | 14.5 % | 13.3 % | 15.7 % | 19.4 % | 14.5 % | 12.0 % |
| Total | 100.0 % | 100.0 % | 100.0 % | 100.0 % | 100.0 % | 100.0 % |

## Q02.03 – Nutzungshäufigkeit im Internet surfen

Wie häufig nutzen Sie die folgenden Medien?

| | Umfrage zur Mediennutzung | | | | | |
|---|---|---|---|---|---|---|
| | Gesamt | Frauen | Männer | 18–30 Jahre | 31–45 Jahre | 46+ Jahre |
| Basis | 1007 | 504 | 503 | 232 | 332 | 443 |
| täglich mehr als 10 Stunden | 6.9 % | 5.6 % | 8.2 % | 8.2 % | 6.9 % | 6.1 % |
| täglich zwischen 5–10 Stunden | 19.0 % | 16.3 % | 21.7 % | 26.7 % | 17.2 % | 16.3 % |
| täglich zwischen 1–5 Stunden | 59.0 % | 58.5 % | 59.4 % | 56.5 % | 62.0 % | 58.0 % |
| täglich bis zu einer Stunde | 13.6 % | 17.5 % | 9.7 % | 7.3 % | 13.3 % | 17.2 % |
| seltener | 1.5 % | 2.2 % | 0.8 % | 1.3 % | 0.6 % | 2.3 % |
| nie | 0.1 % | 0.0 % | 0.2 % | 0.0 % | 0.0 % | 0.2 % |
| Total | 100.0 % | 100.0 % | 100.0 % | 100.0 % | 100.0 % | 100.0 % |

## Q02.04 – Nutzungshäufigkeit Fernsehen

Wie häufig nutzen Sie die folgenden Medien?

| | Umfrage zur Mediennutzung | | | | | |
|---|---|---|---|---|---|---|
| | Gesamt | Frauen | Männer | 18–30 Jahre | 31–45 Jahre | 46+ Jahre |
| Basis | 1007 | 504 | 503 | 232 | 332 | 443 |
| täglich mehr als 10 Stunden | 3.7 % | 4.2 % | 3.2 % | 2.6 % | 2.4 % | 5.2 % |
| täglich zwischen 5–10 Stunden | 9.0 % | 8.5 % | 9.5 % | 6.9 % | 8.7 % | 10.4 % |

Anhang: Norstat-Studie 2020 zu Informations-, Arbeits- und ...

| Umfrage zur Mediennutzung | | | | | | |
|---|---|---|---|---|---|---|
| | Gesamt | Frauen | Männer | 18–30 Jahre | 31–45 Jahre | 46+ Jahre |
| Basis | 1007 | 504 | 503 | 232 | 332 | 443 |
| täglich zwischen 1–5 Stunden | 55.8 % | 54.2 % | 57.5 % | 38.4 % | 59.6 % | 62.1 % |
| täglich bis zu einer Stunde | 12.4 % | 12.9 % | 11.9 % | 16.4 % | 13.6 % | 9.5 % |
| seltener | 14.8 % | 15.9 % | 13.7 % | 27.6 % | 12.3 % | 9.9 % |
| nie | 4.3 % | 4.4 % | 4.2 % | 8.2 % | 3.3 % | 2.9 % |
| Total | 100.0 % | 100.0 % | 100.0 % | 100.0 % | 100.0 % | 100.0 % |

## Q02.05 – Nutzungshäufigkeit Streaming

Wie häufig nutzen Sie die folgenden Medien?

| Umfrage zur Mediennutzung | | | | | | |
|---|---|---|---|---|---|---|
| | Gesamt | Frauen | Männer | 18–30 Jahre | 31–45 Jahre | 46+ Jahre |
| Basis | 1007 | 504 | 503 | 232 | 332 | 443 |
| täglich mehr als 10 Stunden | 1.1 % | 0.6 % | 1.6 % | 2.2 % | 1.5 % | 0.2 % |
| täglich zwischen 5–10 Stunden | 4.9 % | 3.8 % | 6.0 % | 11.6 % | 4.2 % | 1.8 % |
| täglich zwischen 1–5 Stunden | 31.4 % | 27.6 % | 35.2 % | 47.0 % | 38.0 % | 18.3 % |
| täglich bis zu einer Stunde | 16.1 % | 14.9 % | 17.3 % | 22.4 % | 18.1 % | 11.3 % |
| seltener | 23.7 % | 27.2 % | 20.3 % | 12.1 % | 22.3 % | 30.9 % |
| nie | 22.8 % | 26.0 % | 19.7 % | 4.7 % | 16.0 % | 37.5 % |
| Total | 100.0 % | 100.0 % | 100.0 % | 100.0 % | 100.0 % | 100.0 % |

## Q02.06 – Nutzungshäufigkeit Bücher

Wie häufig nutzen Sie die folgenden Medien?

| Umfrage zur Mediennutzung | | | | | | |
|---|---|---|---|---|---|---|
| | Gesamt | Frauen | Männer | 18–30 Jahre | 31–45 Jahre | 46+ Jahre |
| Basis | 1007 | 504 | 503 | 232 | 332 | 443 |
| täglich mehr als 10 Stunden | 0.2 % | 0.0 % | 0.4 % | 0.4 % | 0.3 % | 0.0 % |
| täglich zwischen 5–10 Stunden | 1.4 % | 1.2 % | 1.6 % | 2.6 % | 1.8 % | 0.5 % |
| täglich zwischen 1–5 Stunden | 11.7 % | 15.1 % | 8.3 % | 11.6 % | 10.2 % | 12.9 % |
| täglich bis zu einer Stunde | 25.8 % | 25.8 % | 25.8 % | 25.9 % | 27.4 % | 24.6 % |
| seltener | 49.3 % | 49.2 % | 49.3 % | 50.0 % | 50.3 % | 48.1 % |
| nie | 11.6 % | 8.7 % | 14.5 % | 9.5 % | 9.9 % | 14.0 % |
| Total | 100.0 % | 100.0 % | 100.0 % | 100.0 % | 100.0 % | 100.0 % |

## Q02.07 – Nutzungshäufigkeit E-Books

Wie häufig nutzen Sie die folgenden Medien?

| Umfrage zur Mediennutzung | | | | | | |
|---|---|---|---|---|---|---|
| | Gesamt | Frauen | Männer | 18–30 Jahre | 31–45 Jahre | 46+ Jahre |
| Basis | 1007 | 504 | 503 | 232 | 332 | 443 |
| täglich mehr als 10 Stunden | 0.2 % | 0.0 % | 0.4 % | 0.4 % | 0.3 % | 0.0 % |
| täglich zwischen 5–10 Stunden | 1.0 % | 0.8 % | 1.2 % | 0.9 % | 1.8 % | 0.5 % |
| täglich zwischen 1–5 Stunden | 5.8 % | 6.9 % | 4.6 % | 5.2 % | 5.7 % | 6.1 % |
| täglich bis zu einer Stunde | 12.2 % | 12.1 % | 12.3 % | 7.3 % | 16.0 % | 12.0 % |
| seltener | 29.4 % | 28.6 % | 30.2 % | 32.8 % | 32.8 % | 25.1 % |
| nie | 51.4 % | 51.6 % | 51.3 % | 53.4 % | 43.4 % | 56.4 % |
| Total | 100.0 % | 100.0 % | 100.0 % | 100.0 % | 100.0 % | 100.0 % |

## Q02.08 – Nutzungshäufigkeit Blogs

Wie häufig nutzen Sie die folgenden Medien?

| | Umfrage zur Mediennutzung | | | | | |
|---|---|---|---|---|---|---|
| | Gesamt | Frauen | Männer | 18–30 Jahre | 31–45 Jahre | 46+ Jahre |
| Basis | 1007 | 504 | 503 | 232 | 332 | 443 |
| täglich mehr als 10 Stunden | 0.2 % | 0.0 % | 0.4 % | 0.0 % | 0.3 % | 0.2 % |
| täglich zwischen 5–10 Stunden | 0.7 % | 0.2 % | 1.2 % | 1.3 % | 0.9 % | 0.2 % |
| täglich zwischen 1–5 Stunden | 2.3 % | 3.0 % | 1.6 % | 3.4 % | 2.4 % | 1.6 % |
| täglich bis zu einer Stunde | 9.3 % | 5.8 % | 12.9 % | 6.9 % | 13.3 % | 7.7 % |
| seltener | 33.0 % | 34.7 % | 31.2 % | 36.6 % | 35.8 % | 28.9 % |
| nie | 54.5 % | 56.3 % | 52.7 % | 51.7 % | 47.3 % | 61.4 % |
| Total | 100.0 % | 100.0 % | 100.0 % | 100.0 % | 100.0 % | 100.0 % |

## Q02.09 – Nutzungshäufigkeit soziale Medien

Wie häufig nutzen Sie die folgenden Medien?

| | Umfrage zur Mediennutzung | | | | | |
|---|---|---|---|---|---|---|
| | Gesamt | Frauen | Männer | 18–30 Jahre | 31–45 Jahre | 46+ Jahre |
| Basis | 1007 | 504 | 503 | 232 | 332 | 443 |
| täglich mehr als 10 Stunden | 2.4 % | 2.4 % | 2.4 % | 2.2 % | 2.4 % | 2.5 % |
| täglich zwischen 5–10 Stunden | 6.1 % | 5.8 % | 6.4 % | 13.8 % | 3.9 % | 3.6 % |
| täglich zwischen 1–5 Stunden | 28.0 % | 28.6 % | 27.4 % | 49.1 % | 23.2 % | 20.5 % |
| täglich bis zu einer Stunde | 31.0 % | 27.6 % | 34.4 % | 25.0 % | 42.5 % | 25.5 % |
| seltener | 16.5 % | 19.0 % | 13.9 % | 7.8 % | 16.0 % | 21.4 % |
| nie | 16.1 % | 16.7 % | 15.5 % | 2.2 % | 12.0 % | 26.4 % |
| Total | 100.0 % | 100.0 % | 100.0 % | 100.0 % | 100.0 % | 100.0 % |

## Q03 – digitale und analoge Mediennutzung – früher vs. heute

Welche der folgenden Medien wurden vor ca. 10 Jahren von Ihnen analog genutzt und heute größtenteils oder ausschließlich digital?

| | Umfrage zur Mediennutzung | | | | | |
|---|---|---|---|---|---|---|
| | Gesamt | Frauen | Männer | 18–30 Jahre | 31–45 Jahre | 46+ Jahre |
| Basis | 739 | 378 | 361 | 160 | 250 | 329 |
| Fernsehen | 55.1 % | 50.0 % | 60.4 % | 48.8 % | 54.4 % | 58.7 % |
| Zeitung, Zeitschriften | 41.9 % | 38.9 % | 45.2 % | 42.5 % | 42.4 % | 41.3 % |
| Radio | 40.9 % | 34.9 % | 47.1 % | 38.1 % | 44.4 % | 39.5 % |
| Bücher | 29.5 % | 28.0 % | 31.0 % | 24.4 % | 29.6 % | 31.9 % |
| Keins davon, ich nutze immer noch alle Medien analog | 14.9 % | 18.8 % | 10.8 % | 15.0 % | 13.6 % | 15.8 % |
| Keins davon, ich nutze schon immer alle digital | 2.2 % | 2.1 % | 2.2 % | 4.4 % | 1.6 % | 1.5 % |
| Total | 184.4 % | 172.8 % | 196.7 % | 173.1 % | 186.0 % | 188.8 % |

## Q04.01 – Online Zeitung lesen

Sie haben angegeben, dass Sie Zeitungen oder Zeitschriften lesen. Wie lesen Sie regelmäßig Zeitungen oder Zeitschriften?

| | Umfrage zur Mediennutzung | | | | | |
|---|---|---|---|---|---|---|
| | Gesamt | Frauen | Männer | 18–30 Jahre | 31–45 Jahre | 46+ Jahre |
| Basis | 861 | 437 | 424 | 187 | 284 | 390 |
| Online | 53.7 % | 49.9 % | 57.5 % | 57.2 % | 59.2 % | 47.9 % |

Anhang: Norstat-Studie 2020 zu Informations-, Arbeits- und ...

## Q04.02 – Online Zeitschriften lesen

Sie haben angegeben, dass Sie Zeitungen oder Zeitschriften lesen. Wie lesen Sie regelmäßig Zeitungen oder Zeitschriften?

| | Umfrage zur Mediennutzung | | | | | |
|---|---|---|---|---|---|---|
| | Gesamt | Frauen | Männer | 18–30 Jahre | 31–45 Jahre | 46+ Jahre |
| Basis | 861 | 437 | 424 | 187 | 284 | 390 |
| Online | 56.6 % | 49.4 % | 63.9 % | 67.9 % | 63.7 % | 45.9 % |

## Q04.03 – Analog Zeitung lesen

Sie haben angegeben, dass Sie Zeitungen oder Zeitschriften lesen. Wie lesen Sie regelmäßig Zeitungen oder Zeitschriften?

| | Umfrage zur Mediennutzung | | | | | |
|---|---|---|---|---|---|---|
| | Gesamt | Frauen | Männer | 18–30 Jahre | 31–45 Jahre | 46+ Jahre |
| Basis | 861 | 437 | 424 | 187 | 284 | 390 |
| Analog | 62.0 % | 61.8 % | 62.3 % | 55.1 % | 60.6 % | 66.4 % |

## Q04.04 – Analog Zeitschriften lesen

Sie haben angegeben, dass Sie Zeitungen oder Zeitschriften lesen. Wie lesen Sie regelmäßig Zeitungen oder Zeitschriften?

| | Umfrage zur Mediennutzung | | | | | |
|---|---|---|---|---|---|---|
| | Gesamt | Frauen | Männer | 18–30 Jahre | 31–45 Jahre | 46+ Jahre |
| Basis | 861 | 437 | 424 | 187 | 284 | 390 |
| Analog als Druckausgabe | 56.0 % | 60.0 % | 51.9 % | 43.3 % | 51.8 % | 65.1 % |

## Q05 – Nutzungshäufigkeit von Fernsehangeboten

Sie haben angegeben, dass Sie Fernsehen. Welche der folgenden Angebote nutzen Sie dabei regelmäßig?

| Umfrage zur Mediennutzung | | | | | | |
|---|---|---|---|---|---|---|
| | Gesamt | Frauen | Männer | 18–30 Jahre | 31–45 Jahre | 46+ Jahre |
| Basis | 964 | 482 | 482 | 213 | 321 | 430 |
| Kostenpflichtige Streamingangebote (z. B. Amazon Prime, Netflix) | 61.4 % | 59.5 % | 63.3 % | 81.7 % | 70.4 % | 44.7 % |
| Digitales Fernsehprogramm | 60.5 % | 58.7 % | 62.2 % | 49.8 % | 59.5 % | 66.5 % |
| Mediatheken | 52.6 % | 47.7 % | 57.5 % | 44.1 % | 51.7 % | 57.4 % |
| Kostenfreie Streamingangebote (z. B. TV Now) | 32.9 % | 29.7 % | 36.1 % | 42.7 % | 34.0 % | 27.2 % |
| Sonstiges: | 2.6 % | 3.1 % | 2.1 % | 0.9 % | 1.9 % | 4.0 % |
| Total | 210.0 % | 198.8 % | 221.2 % | 219.2 % | 217.4 % | 199.8 % |

## Q06 – Nutzung sozialer Netzwerke

Sie haben angegeben, dass Sie soziale Netzwerke nutzen. Welche der folgenden sozialen Netzwerke nutzen Sie regelmäßig?

| Umfrage zur Mediennutzung | | | | | | |
|---|---|---|---|---|---|---|
| | Gesamt | Frauen | Männer | 18–30 Jahre | 31–45 Jahre | 46+ Jahre |
| Basis | 845 | 420 | 425 | 227 | 292 | 326 |
| Whatsapp | 87.7 % | 88.3 % | 87.1 % | 93.8 % | 89.0 % | 82.2 % |
| Facebook | 78.5 % | 79.8 % | 77.2 % | 74.0 % | 83.2 % | 77.3 % |
| Youtube | 69.3 % | 62.6 % | 76.0 % | 81.9 % | 72.3 % | 58.0 % |

Anhang: Norstat-Studie 2020 zu Informations-, Arbeits- und ...

| | Umfrage zur Mediennutzung | | | | | |
|---|---|---|---|---|---|---|
| | Gesamt | Frauen | Männer | 18–30 Jahre | 31–45 Jahre | 46+ Jahre |
| Basis | 845 | 420 | 425 | 227 | 292 | 326 |
| Instagram | 52.5 % | 52.1 % | 52.9 % | 78.9 % | 49.7 % | 36.8 % |
| Facebook Messenger | 52.3 % | 53.8 % | 50.8 % | 50.2 % | 56.8 % | 49.7 % |
| Pinterest | 22.5 % | 31.7 % | 13.4 % | 29.1 % | 24.0 % | 16.6 % |
| Twitter | 20.5 % | 14.5 % | 26.4 % | 25.6 % | 20.2 % | 17.2 % |
| Xing | 15.4 % | 12.4 % | 18.4 % | 14.1 % | 19.5 % | 12.6 % |
| LinkedIn | 14.7 % | 9.3 % | 20.0 % | 14.5 % | 17.8 % | 12.0 % |
| Snapchat | 14.6 % | 16.7 % | 12.5 % | 38.8 % | 6.8 % | 4.6 % |
| TikTok | 9.5 % | 10.0 % | 8.9 % | 18.9 % | 7.5 % | 4.6 % |
| Vimeo | 2.5 % | 2.1 % | 2.8 % | 2.2 % | 3.8 % | 1.5 % |
| Sonstige: | 0.7 % | 0.5 % | 0.9 % | 0.9 % | 0.0 % | 1.2 % |
| Total | 440.6 % | 433.8 % | 447.3 % | 522.9 % | 450.7 % | 374.2 % |

## Q07 – Nutzungsgründe – Internet

Für was nutzen Sie das Internet hauptsächlich?

| | Umfrage zur Mediennutzung | | | | | |
|---|---|---|---|---|---|---|
| | Gesamt | Frauen | Männer | 18–30 Jahre | 31–45 Jahre | 46+ Jahre |
| Basis | 1006 | 504 | 502 | 232 | 332 | 442 |
| Um auf dem Neuesten Stand zu bleiben (z. B. Nachrichten lesen/schauen) | 72.2 % | 67.9 % | 76.5 % | 69.8 % | 73.2 % | 72.6 % |
| Online-Shopping | 71.4 % | 70.2 % | 72.5 % | 63.4 % | 73.5 % | 74.0 % |
| Um bestehende Kontakte zu pflegen (z. B. über Facebook) | 54.4 % | 56.0 % | 52.8 % | 60.3 % | 59.3 % | 47.5 % |
| Um Musik zu hören | 50.3 % | 43.8 % | 56.8 % | 69.8 % | 52.1 % | 38.7 % |
| Zum Arbeiten | 44.7 % | 39.5 % | 50.0 % | 48.3 % | 44.3 % | 43.2 % |

|  | Umfrage zur Mediennutzung | | | | | |
| --- | --- | --- | --- | --- | --- | --- |
|  | Gesamt | Frauen | Männer | 18–30 Jahre | 31–45 Jahre | 46+ Jahre |
| Basis | 1006 | 504 | 502 | 232 | 332 | 442 |
| Computer-Spiele/Gaming | 31.9 % | 28.4 % | 35.5 % | 33.6 % | 35.8 % | 28.1 % |
| Um andere an meinem Leben teilhaben zu lassen (z. B. über Instagram) | 20.8 % | 20.2 % | 21.3 % | 42.7 % | 17.5 % | 11.8 % |
| Um neue Kontakte zu knüpfen (z. B. über Facebook) | 19.9 % | 18.1 % | 21.7 % | 19.8 % | 21.4 % | 18.8 % |
| Netzwerken (z. B. via LinkedIn oder Xing) | 15.0 % | 10.3 % | 19.7 % | 18.1 % | 18.1 % | 11.1 % |
| Dating | 6.9 % | 4.6 % | 9.2 % | 12.5 % | 4.8 % | 5.4 % |
| Zum Bloggen | 4.4 % | 3.6 % | 5.2 % | 4.7 % | 4.5 % | 4.1 % |
| Sonstiges: | 2.0 % | 2.4 % | 1.6 % | 1.3 % | 1.2 % | 2.9 % |
| Total | 393.7 % | 364.9 % | 422.7 % | 444.4 % | 405.7 % | 358.1 % |

## Q08 – Nutzung von Streamingdiensten

Für was nutzen Sie die Streamingdienste hauptsächlich?

|  | Umfrage zur Mediennutzung | | | | | |
| --- | --- | --- | --- | --- | --- | --- |
|  | Gesamt | Frauen | Männer | 18–30 Jahre | 31–45 Jahre | 46+ Jahre |
| Basis | 777 | 373 | 404 | 221 | 279 | 277 |
| Mediatheken der TV-Sender | 61.4 % | 59.8 % | 62.9 % | 47.5 % | 65.9 % | 67.9 % |
| Musik | 60.6 % | 59.2 % | 61.9 % | 76.5 % | 57.3 % | 51.3 % |
| Video-Podcasts | 17.0 % | 14.5 % | 19.3 % | 19.5 % | 17.9 % | 14.1 % |
| Audio-Podcasts | 15.7 % | 15.3 % | 16.1 % | 21.3 % | 18.3 % | 8.7 % |

| Umfrage zur Mediennutzung | | | | | | |
|---|---|---|---|---|---|---|
| | Gesamt | Frauen | Männer | 18–30 Jahre | 31–45 Jahre | 46+ Jahre |
| Basis | 777 | 373 | 404 | 221 | 279 | 277 |
| Hörbücher | 14.7 % | 17.4 % | 12.1 % | 14.9 % | 16.8 % | 12.3 % |
| Anderes: | 3.3 % | 2.9 % | 3.7 % | 1.8 % | 3.6 % | 4.3 % |
| Total | 172.7 % | 169.2 % | 176.0 % | 181.4 % | 179.9 % | 158.5 % |

## Q09 – Suche nach neuem Arbeitgeber

Sind Sie aktuell auf der Suche nach einem neuen Arbeitgeber? Wenn ja, wo?

| Umfrage zur Mediennutzung | | | | | | |
|---|---|---|---|---|---|---|
| | Gesamt | Frauen | Männer | 18–30 Jahre | 31–45 Jahre | 46+ Jahre |
| Basis | 1007 | 504 | 503 | 232 | 332 | 443 |
| Website des Unternehmens | 12.6 % | 12.5 % | 12.7 % | 19.8 % | 13.6 % | 8.1 % |
| Business-Netzwerke (z. B. Xing, LinkedIn) | 10.3 % | 8.1 % | 12.5 % | 16.4 % | 10.8 % | 6.8 % |
| Berufliches Netzwerk | 8.6 % | 6.3 % | 10.9 % | 10.3 % | 11.4 % | 5.6 % |
| Freundes- oder Bekanntenkreis | 10.2 % | 9.3 % | 11.1 % | 14.2 % | 12.3 % | 6.5 % |
| Jobbörsen (z. B. Stepstone) | 20.0 % | 18.8 % | 21.1 % | 26.7 % | 21.1 % | 15.6 % |
| Messen/Events | 2.3 % | 2.0 % | 2.6 % | 4.7 % | 2.4 % | 0.9 % |
| Apps | 6.9 % | 4.6 % | 9.1 % | 11.6 % | 8.4 % | 3.2 % |
| Sonstiges: | 0.8 % | 0.8 % | 0.8 % | 1.3 % | 0.6 % | 0.7 % |
| Ich bin aktuell nicht auf der Suche nach einem neuen Arbeitgeber | 72.5 % | 75.8 % | 69.2 % | 62.5 % | 69.3 % | 80.1 % |
| Total | 144.2 % | 138.3 % | 150.1 % | 167.7 % | 150.0 % | 127.5 % |

## Q10 – Suche nach Erfahrungswerten des Arbeitgebers

Suchen Sie generell nach Erfahrungswerten hinsichtlich des Arbeitgebers? Wenn ja, wo?

| | Umfrage zur Mediennutzung | | | | | |
|---|---|---|---|---|---|---|
| | Gesamt | Frauen | Männer | 18–30 Jahre | 31–45 Jahre | 46+ Jahre |
| Basis | 1007 | 504 | 503 | 232 | 332 | 443 |
| Arbeitgeberbewertungsportale (z. B. kununu) | 25.2 % | 22.2 % | 28.2 % | 34.1 % | 29.5 % | 17.4 % |
| Erfahrungsberichte (z. B. in Foren) | 23.3 % | 21.0 % | 25.6 % | 35.8 % | 25.9 % | 14.9 % |
| Persönlich bei Freunden/Bekannten | 27.9 % | 25.4 % | 30.4 % | 40.9 % | 34.6 % | 16.0 % |
| Mitarbeiter des Zielunternehmens | 14.6 % | 11.7 % | 17.5 % | 21.6 % | 16.9 % | 9.3 % |
| Ich suche nicht nach Erfahrungswerten | 55.6 % | 59.7 % | 51.5 % | 37.1 % | 47.6 % | 71.3 % |
| Sonstiges: | 0.1 % | 0.0 % | 0.2 % | 0.0 % | 0.0 % | 0.2 % |
| Total | 146.8 % | 140.1 % | 153.5 % | 169.4 % | 154.5 % | 129.1 % |

## Q11 – Häufigkeit – Arbeit im Homeoffice

Wie häufig arbeiten Sie aktuell im Homeoffice?

| | Umfrage zur Mediennutzung | | | | | |
|---|---|---|---|---|---|---|
| | Gesamt | Frauen | Männer | 18–30 Jahre | 31–45 Jahre | 46+ Jahre |
| Basis | 1007 | 504 | 503 | 232 | 332 | 443 |
| täglich | 14.9 % | 13.9 % | 15.9 % | 17.2 % | 16.0 % | 12.9 % |

Anhang: Norstat-Studie 2020 zu Informations-, Arbeits- und ...

| Umfrage zur Mediennutzung | | | | | | |
|---|---|---|---|---|---|---|
| | Gesamt | Frauen | Männer | 18–30 Jahre | 31–45 Jahre | 46+ Jahre |
| Basis | 1007 | 504 | 503 | 232 | 332 | 443 |
| mehrmals pro Woche | 15.2 % | 13.1 % | 17.3 % | 17.7 % | 14.2 % | 14.7 % |
| einmal pro Woche | 4.4 % | 5.4 % | 3.4 % | 4.7 % | 5.7 % | 3.2 % |
| mehrmals pro Monat | 2.6 % | 1.6 % | 3.6 % | 3.9 % | 3.3 % | 1.4 % |
| einmal pro Monat | 1.4 % | 1.0 % | 1.8 % | 2.2 % | 1.5 % | 0.9 % |
| seltener | 6.4 % | 6.7 % | 6.0 % | 5.2 % | 6.3 % | 7.0 % |
| nie | 36.1 % | 32.5 % | 39.8 % | 30.6 % | 38.3 % | 37.5 % |
| ich arbeite derzeit nicht | 19.1 % | 25.8 % | 12.3 % | 18.5 % | 14.8 % | 22.6 % |
| Total | 100.0 % | 100.0 % | 100.0 % | 100.0 % | 100.0 % | 100.0 % |

## Q12 – Zukünftige Wünsche bez. Homeoffice

Ich würde mir wünschen, dass ich zukünftig …

| Umfrage zur Mediennutzung | | | | | | |
|---|---|---|---|---|---|---|
| | Gesamt | Frauen | Männer | 18–30 Jahre | 31–45 Jahre | 46+ Jahre |
| Basis | 815 | 374 | 441 | 189 | 283 | 343 |
| mehr im Homeoffice arbeiten kann | 34.6 % | 38.5 % | 31.3 % | 38.1 % | 37.8 % | 30.0 % |
| genauso viel im Homeoffice arbeiten | 42.5 % | 40.4 % | 44.2 % | 32.3 % | 44.9 % | 46.1 % |
| weniger im Homeoffice arbeite | 22.9 % | 21.1 % | 24.5 % | 29.6 % | 17.3 % | 23.9 % |
| Total | 100.0 % | 100.0 % | 100.0 % | 100.0 % | 100.0 % | 100.0 % |

## Q13 – Fortbewegungsmittel für Arbeitsweg

Welche(s) Fortbewegungsmittel nutzen Sie hauptsächlich für Ihren Arbeitsweg?

| | Umfrage zur Mediennutzung | | | | | |
|---|---|---|---|---|---|---|
| | Gesamt | Frauen | Männer | 18–30 Jahre | 31–45 Jahre | 46+ Jahre |
| Basis | 665 | 304 | 361 | 149 | 230 | 286 |
| Privates Auto | 61.1 % | 63.2 % | 59.3 % | 51.0 % | 67.4 % | 61.2 % |
| Öffentliche Verkehrsmittel (S-Bahn, Tram, Bus) | 28.3 % | 27.3 % | 29.1 % | 33.6 % | 26.1 % | 27.3 % |
| Fahrrad | 23.9 % | 20.7 % | 26.6 % | 28.9 % | 20.0 % | 24.5 % |
| Ich gehe zu Fuß | 18.9 % | 19.1 % | 18.8 % | 24.2 % | 17.8 % | 17.1 % |
| Dienstwagen | 5.6 % | 2.6 % | 8.0 % | 4.0 % | 7.0 % | 5.2 % |
| Stadt-Rad | 1.8 % | 1.0 % | 2.5 % | 2.0 % | 2.2 % | 1.4 % |
| Carsharing (z. B. ShareNow) | 1.5 % | 0.7 % | 2.2 % | 3.4 % | 1.3 % | 0.7 % |
| Taxi | 1.4 % | 0.3 % | 2.2 % | 2.0 % | 1.3 % | 1.0 % |
| E-Roller | 1.4 % | 0.7 % | 1.9 % | 0.7 % | 1.3 % | 1.7 % |
| Total | 143.8 % | 135.5 % | 150.7 % | 149.7 % | 144.3 % | 140.2 % |

## Q14 – Länge des Arbeitsweges

Wie lange brauchen Sie gewöhnlich von Ihrer Wohnungstür bis zu Ihrem Arbeitsplatz?

| | Umfrage zur Mediennutzung | | | | | |
|---|---|---|---|---|---|---|
| | Gesamt | Frauen | Männer | 18–30 Jahre | 31–45 Jahre | 46+ Jahre |
| Basis | 665 | 304 | 361 | 149 | 230 | 286 |
| Bis zu 30 Minuten | 67.5 % | 72.0 % | 63.7 % | 67.8 % | 66.1 % | 68.5 % |
| Zwischen 30 Minuten und einer Stunde | 27.1 % | 23.0 % | 30.5 % | 29.5 % | 26.1 % | 26.6 % |
| Mehr als eine Stunde | 5.4 % | 4.9 % | 5.8 % | 2.7 % | 7.8 % | 4.9 % |
| Total | 100.0 % | 100.0 % | 100.0 % | 100.0 % | 100.0 % | 100.0 % |

## Q15.01 – Online Konsum

Welche der folgenden Artikel kaufen Sie lieber online- und welche lokal?

| | Umfrage zur Mediennutzung | | | | | |
|---|---|---|---|---|---|---|
| | Gesamt | Frauen | Männer | 18–30 Jahre | 31–45 Jahre | 46+ Jahre |
| Basis | 1007 | 504 | 503 | 232 | 332 | 443 |
| Elektronik | 64.5 % | 55.2 % | 74.0 % | 58.6 % | 69.9 % | 63.7 % |
| Kleidung | 47.3 % | 52.6 % | 41.9 % | 48.7 % | 48.5 % | 45.6 % |
| Bürobedarf | 45.4 % | 39.1 % | 51.7 % | 35.8 % | 49.4 % | 47.4 % |
| Deko | 30.2 % | 29.4 % | 31.0 % | 25.4 % | 32.2 % | 31.2 % |
| Möbel | 27.5 % | 29.6 % | 25.4 % | 22.8 % | 31.3 % | 27.1 % |
| Drogerie-Artikel | 10.1 % | 10.1 % | 10.1 % | 5.6 % | 11.4 % | 11.5 % |
| Lebensmittel | 4.1 % | 3.6 % | 4.6 % | 5.6 % | 5.1 % | 2.5 % |
| Total | 229.1 % | 219.4 % | 238.8 % | 202.6 % | 247.9 % | 228.9 % |

## Q15.02 – Lokaler Konsum

Welche der folgenden Artikel kaufen Sie lieber online- und welche lokal?

| | Umfrage zur Mediennutzung | | | | | |
|---|---|---|---|---|---|---|
| | Gesamt | Frauen | Männer | 18–30 Jahre | 31–45 Jahre | 46+ Jahre |
| Basis | 1007 | 504 | 503 | 232 | 332 | 443 |
| Lebensmittel | 95.9 % | 96.4 % | 95.4 % | 94.4 % | 94.9 % | 97.5 % |
| Drogerie-Artikel | 89.9 % | 89.9 % | 89.9 % | 94.4 % | 88.6 % | 88.5 % |
| Möbel | 72.5 % | 70.4 % | 74.6 % | 77.2 % | 68.7 % | 72.9 % |
| Deko | 69.8 % | 70.6 % | 69.0 % | 74.6 % | 67.8 % | 68.8 % |
| Bürobedarf | 54.6 % | 60.9 % | 48.3 % | 64.2 % | 50.6 % | 52.6 % |
| Kleidung | 52.7 % | 47.4 % | 58.1 % | 51.3 % | 51.5 % | 54.4 % |
| Elektronik | 35.5 % | 44.8 % | 26.0 % | 41.4 % | 30.1 % | 36.3 % |
| Total | 470.9 % | 480.6 % | 461.2 % | 497.4 % | 452.1 % | 471.1 % |

## Q16 – Wohnort

Wie würden Sie Ihren Wohnort beschreiben?

| | Umfrage zur Mediennutzung | | | | | |
|---|---|---|---|---|---|---|
| | Gesamt | Frauen | Männer | 18–30 Jahre | 31–45 Jahre | 46+ Jahre |
| Basis | 1007 | 504 | 503 | 232 | 332 | 443 |
| Ein Dorf in rein ländlicher Umgebung | 14.3 % | 16.1 % | 12.5 % | 7.8 % | 15.7 % | 16.7 % |
| Ein Dorf in Stadtnähe | 13.2 % | 12.9 % | 13.5 % | 13.8 % | 12.7 % | 13.3 % |
| Eine Kleinstadt (bis 30.000 Einwohner) | 20.1 % | 19.8 % | 20.3 % | 20.3 % | 18.1 % | 21.4 % |
| Eine Stadt mittlerer Größe (bis 100.000 Einwohner) | 16.3 % | 18.7 % | 13.9 % | 14.2 % | 17.2 % | 16.7 % |
| Eine Großstadt (bis 500.000 Einwohner) | 16.3 % | 15.7 % | 16.9 % | 21.1 % | 18.7 % | 12.0 % |
| Eine Großstadt mit über 500.000 Einwohnern | 19.6 % | 16.3 % | 22.9 % | 22.0 % | 17.8 % | 19.6 % |
| Ich weiß nicht | 0.3 % | 0.6 % | 0.0 % | 0.9 % | 0.0 % | 0.2 % |
| Total | 100.0 % | 100.0 % | 100.0 % | 100.0 % | 100.0 % | 100.0 % |

## S01 – Geschlecht

Sie sind …?

| | Umfrage zur Mediennutzung | | | | | |
|---|---|---|---|---|---|---|
| | Gesamt | Frauen | Männer | 18–30 Jahre | 31–45 Jahre | 46+ Jahre |
| Basis | 1007 | 504 | 503 | 232 | 332 | 443 |
| männlich | 50.0 % | 0.0 % | 100.0 % | 50.0 % | 50.3 % | 49.7 % |
| weiblich | 50.0 % | 100.0 % | 0.0 % | 50.0 % | 49.7 % | 50.3 % |
| Total | 100.0 % | 100.0 % | 100.0 % | 100.0 % | 100.0 % | 100.0 % |

## S02 – Alter

Bitte geben Sie Ihr Alter an:

|  | Umfrage zur Mediennutzung | | | | | |
|---|---|---|---|---|---|---|
|  | Gesamt | Frauen | Männer | 18–30 Jahre | 31–45 Jahre | 46+ Jahre |
| Basis | 1007 | 504 | 503 | 232 | 332 | 443 |
| 18–30 Jahre | 23.0 % | 23.0 % | 23.1 % | 100.0 % | 0.0 % | 0.0 % |
| 31–45 Jahre | 33.0 % | 32.7 % | 33.2 % | 0.0 % | 100.0 % | 0.0 % |
| 46+ Jahre | 44.0 % | 44.2 % | 43.7 % | 0.0 % | 0.0 % | 100.0 % |
| Total | 100.0 % | 100.0 % | 100.0 % | 100.0 % | 100.0 % | 100.0 % |

# Stichwortverzeichnis

## A

Agilität 40, 70, 72, 75, 77, 113, 114, 122, 124, 127
Anbieter 7–9
A.N.E.T.T.E. 32, 42, 130
Arbeiten
   agiles 50, 114
   mobiles 40, 63, 67
Arbeitsleistung 57, 64
Arbeitszeit 38, 55, 61, 63
Ausbildung 123

## B

Betriebsrat 54, 56, 65, 66, 68, 130
Blogs 9, 78

## C

Chance 43, 58, 78, 117

## D

Datenschutz 59, 62, 64, 94
Datenschutzrecht 5
Design Thinking 47, 129
Digitalisierung 2, 70, 71, 73–75, 92, 124
Dilts-Pyramide 16, 32, 33
Direktionsrecht 58, 59
Double Diamond 129
Double Diamond-Prozess 47, 49
DS-GVO 106

## E

Einstellung 85
Energiewende 51, 53, 84
Engagement, soziales 84

## F

Fairness-Regel 130

Fernsehen 9, 86, 91
Fragetechnik 41
Fremdbild 122
Führung 29, 56, 85

**H**
Handeln 41
Homeoffice 8–10, 13, 57, 59, 60, 62, 63, 66, 93, 123
Homepage 104, 105

**I**
Interesse 17, 46, 67, 80, 85
Internet 5, 9, 78

**K**
Kaufverhalten 85
Klimaschutz 52, 84
Kommunikationsweg 78
Kontinuierlicher Verbesserungsprozess (KVP) 70

**L**
Lebensstil 85

**M**
Markenprofil 83
Medienkonsum 85
Mehrwert 86, 89, 90
Mindset 7, 117
Mobile Devices 96
Möglichkeit 46, 54, 73, 96

**N**
Nachhaltigkeit 84

**O**
Objectives and Key Results (OKR) 68
Öffentlichkeitsarbeit 88

**P**
Persönlichkeitstyp 29, 130, 132
Personalauswahl 75, 131
Personalentwicklung 85
Präsenzkultur 92
Printmedium 78

**R**
Rabis-Leitfaden 124, 131
Radio 9
Reputation 89

**S**
SAM 13, 51, 129
Selbstorganisation 115
SMART 26, 129
Social Distancing 94
Social Media-Blog 86

**T**
Tool 8, 86, 96, 102
Trackingtool 106
Transformation 27, 67, 71, 117, 118, 130
TV 78

## U

Umweltbewusstsein 84
Unternehmenskommunikation 79, 99, 131
Unternehmensvision 14, 19, 21, 28, 129
Unternehmenswert 14, 21, 23, 24, 129

## V

Video 78

Videokonferenz 98, 99, 102, 131
Videokonferenz-Tool 96
Videostreaming 99, 100

## W

Wahrnehmung 85
Webcam 100
Webinar 131
Weiterbildung 56

The manufacturer's authorised representative in the EU is Springer Nature Customer Service Centre GmbH, Europaplatz 3, 69115 Heidelberg, Germany. If you have any concerns regarding our products, please contact ProductSafety@springernature.com

Printed and bound by CPI Group (UK) Ltd, Croydon, CR0 4YY

25/03/2026

02078226-0008